WOW
So bist du!

Text:
Willem de Vink

Illustrationen:
Arjan Wilschut, Timo Visser
und Willem de Vink

Übersetzung:
Andrea Perret

Wow, So bist du!
91-Tage-Andachtsbuch zur Teens-Bibel
Vink, Willem de

www.uitgeversgroepjongbloed.nl
Die Deutsche Nationalbibliothek verzeichnet diese Publikation in der Deutschen Nationalbibliografie; detaillierte bibliografische Daten sind im Internet über https://dnb.de abrufbar.

Satz und Layout: Marian de Vink
Lektorat: Gabriele Kohlmann, Thilo Niepel
Druck: Westermann Druck Zwickau GmbH
Printed in Germany

1. Auflage 2022

Paperback: ISBN 978-3-95933-226-2, Bestellnummer 372226
E-Book: ISBN 978-3-95933-227-9, Bestellnummer 372227

www.gracetoday.de

Vorwort

Du bist so geliebt! Echt, je besser du Jesus kennenlernst, desto besser wirst du verstehen, wie wertvoll du bist. Gott der Vater und Jesus der Sohn hatten die beste Beziehung der Welt. Dennoch verzichtete Gott der Vater für dich auf Jesus, seinen Sohn, weil er dir zeigen wollte, wie sehr er dich liebt. Er wollte dich für sich gewinnen und dich zu seinem geliebten Kind machen. So geliebt wie Jesus. Jesus ist vom Tod auferstanden. Er sorgt dafür, dass du für immer und ewig die beste Beziehung genießen kannst, die es gibt: die zwischen ihm, Gott und dir.

So geliebt bist du! So besonders. Und so wertvoll.

Finde es selbst heraus in diesem Andachtsbuch. Tag für Tag, drei Monate lang, wirst du darüber staunen, wie sehr Gott dich liebt.

Wenn du mehr lesen willst, hast du zwei Möglichkeiten: Du kannst entweder die Bibel oder die Teens-Bibel hinzuziehen. Jeder Tag enthält eine entsprechende Verweisstelle zu beiden.

Die Illustrationen in diesem Buch stammen aus der *Teens-Bibel*.

Willem de Vink

Wer bist du in Gottes Augen?

Ich bin

1. Ich bin … strahlend

Ich danke dir dafür, dass ich erstaunlich
und wunderbar gemacht bin;
wunderbar sind deine Werke.

Psalm 139,14a

TAG
1
Gott strahlt, wenn er an dich denkt

Lies selbst

1. Mose 1,1–31 bis 2,4

Ich bin **STRAHLEND**

Gott ist Licht. In ihm gibt es keine Finsternis. Gott ist zwar für uns unsichtbar, aber er wollte uns trotzdem zeigen, was für ein Licht er ist. Er ist der Vater. Du bist sein Kind. Deinen leiblichen Vater hast du für die Zeit hier auf der Erde. Deinen himmlischen Vater auf ewig. Du darfst das unveränderliche Licht seiner Liebe empfangen.

Deshalb sagte Gott bei der Schöpfung als Erstes, dass es Licht geben muss. Dies sagte er sogar, bevor er die Sonne, den Mond und die Sterne schuf.

»Es wird Licht geben!«, sagte er.

Merk's dir

Der HERR segne dich und behüte dich.
Der HERR lasse sein Angesicht über dich
leuchten und sei dir gnädig.
Der HERR wende sein Angesicht dir zu
und schenke dir Frieden.
4. Mose 6,24–26 NLB

Er meinte das Leuchten seines Gesichts, wenn er an dich denkt. Gott will vor allem, dass du weißt, dass er wie ein Vater vor Freude über seine Kinder strahlt.

Und somit auch über dich.

Deine Reaktion

Vater, wie kann es sein, dass du dich so über mich freust, dass dein Gesicht strahlt, wenn du mich siehst? Und dann weiß ich ja auch noch, dass du mich immer siehst! Ich möchte viel von deiner Liebe empfangen!

TIPP

Schau mal in den Spiegel und sag (laut): »Lieber Vater, du hast mich lieb!«

TAG
2

Danke Gott, dass es dich gibt

Lies selbst

Psalm 139,1–18

Ich bin **STRAHLEND**

Du befindest dich in einem riesigen Universum mit unzähligen Sternensystemen und Planeten. Inmitten von Milliarden von einzigartigen Menschen, von denen jeder eine andere DNS hat. Warum? Weil Gott dich wollte. Egal, was du sagst oder tust, wie du dich fühlst oder was passiert: Er findet dich schön. Er sieht dich. Er liebt dich.

Schau mal, wie du gemacht bist, wie sich an dir alles bewegt und wie es funktioniert. Selbst Dinge, die du an dir seltsam findest, gehören zu dir. Was auch immer du denkst, sagst, träumst und tust – das bist du! Und jetzt stell dir mal Gott vor! Egal, was du über ihn denkst – er ist immer sehr viel besser. Er liebt dich immer noch so viel mehr. Wenn du das weißt, dann strahlst du von selbst.

Merk's dir

Ich danke dir dafür, dass ich erstaunlich und wunderbar gemacht bin; wunderbar sind deine Werke. *Psalm 139,14a*

DENK MAL NACH

Wie viele Haare hast du auf deinem Kopf? Jesus sagt, dass Gott sie alle gezählt hat!

Deine Reaktion

Vielen Dank, Vater, dass es mich gibt. Danke, dass du mich so liebst, wie ich bin. Deine Liebe zu mir erfüllt mich und macht mich dankbar und froh.

TAG 3

Gott hatte dich schon vor Erschaffung der Welt im Blick

Lies selbst

Epheser 1,3–8

Ein Künstler kann lange Zeit mit einem Kunstwerk in seinen Gedanken herumlaufen, bevor er sich ans Werk macht. Wie sehr freut er sich dann, wenn es fertig ist!
Gott ist der größte Künstler. Er dachte schon an dich, bevor er die Welt erschuf. Er wollte dich. Er hat sich nach dir gesehnt, weil er dir seine Vaterliebe geben wollte.

Ob du es glaubst oder nicht: Gott der Vater findet, dass du perfekt bist. So perfekt wie sein geliebter Sohn Jesus, und genauso strahlend. Er findet das, weil er voller Gnade ist. Und Gnade bedeutet Gunst, die man nicht verdient hat. Jesus hat diese Gnade für dich möglich gemacht. Du kannst dir Gottes Güte und Liebe immer sicher sein, auch dann, wenn du dich kein bisschen perfekt fühlst.

Deine Reaktion

Allerliebster Vater, was für ein Wunder, dass du schon vor der Schöpfung an mich gedacht hast! Dass du mich schon damals haben wolltest und dich nach mir gesehnt hast! Was für ein Wunder, dass ich jetzt da sein darf. Da sein darf als dein geliebtes Kind.

TIPP

Sag jedes Mal, wenn du in den Spiegel schaust: »Lieber Vater, du liebst mich!«

Merk's dir

Schon vor Erschaffung der Welt hat Gott uns aus Liebe dazu bestimmt, vor ihm heilig zu sein und befreit von Schuld. Von Anfang an war es sein unveränderlicher Plan, uns durch Jesus Christus als seine Kinder aufzunehmen, und an diesem Beschluss hatte er viel Freude. Deshalb loben wir Gott für die herrliche Gnade, mit der er uns durch Jesus Christus so reich beschenkt hat.

Epheser 1,4–6 NLB

Du bist der Schatz, die Perle!

Lies selbst

Matthäus 13,44–46

Jesus erzählt eine Geschichte. Ein Arbeiter findet auf einem Acker einen Schatz. Er verkauft alles, was er hat, um diesen Acker zu bekommen. Jetzt hat er seinen Schatz. Andere Geschichte: Ein Geschäftsmann findet eine Perle. Sie gefällt ihm so sehr, dass er seinen ganzen Besitz aufgibt, um diese eine Perle haben zu können.

Mit diesem kostbaren Schatz meint Jesus dich und mich. Mit der kostbaren Perle auch. Weil wir so wertvoll sind, hat Jesus den höchsten Preis bezahlt. Er gab sein Leben, damit wir Gott gehören und seine geliebten Söhne und Töchter sein können.

FRAGE

Weißt du, dass Gott Jesus für die ganze Welt gegeben hat? Für alle Menschen? Er hat bewiesen, wie sehr er dich liebt, als Jesus am Kreuz für dich starb.

Merk's dir

Denn Gott hat die Welt so sehr geliebt, dass er seinen einzigen Sohn hingab, damit jeder, der an ihn glaubt, nicht verloren geht, sondern das ewige Leben hat. *Johannes 3,16*

Deine Reaktion

Danke Jesus, dass du dich selbst hingegeben hast, um mit mir zu tauschen. Jetzt kann ich genauso ein geliebtes Kind Gottes sein wie du. Ich bin ein Schatz, eine Perle in deiner Hand.

TAG
5 Du strahlst wie Jesus

Lies selbst

Matthäus 17,1–8

Ich bin **STRAHLEND**

Jesus strahlte. Auf dem Berg Hermon sahen drei von seinen Jüngern seine Herrlichkeit. Es war der Glanz Gottes über ihm, den Jesus auffing und ausstrahlte. Sein Vater sprach vom Himmel herab: »Das ist mein geliebter Sohn, an ihm habe ich Freude. Hört auf ihn!«

Du darfst die gleiche Herrlichkeit empfangen, weil Gott auch dein Vater ist. Du darfst am Glanz Jesu teilhaben und ebenso strahlend leuchten, weil Gott sich genauso über dich freut. Das glaubst du nicht? Sieh dir Jesus an, wie der Vater ihn geliebt hat. Genauso liebt er auch dich.

Deine Reaktion

Jesus, ich kann mir vorstellen, wie sehr der Vater dich liebt. Du bist so gut! Ich fange von selbst an zu strahlen, wenn ich daran denke, dass ich genauso geliebt bin wie du.

Merk's dir

Wir alle aber, indem wir mit unverhülltem Angesicht die Herrlichkeit des Herrn anschauen wie in einem Spiegel, werden verwandelt in dasselbe Bild von Herrlichkeit zu Herrlichkeit, nämlich vom Geist des Herrn.
2. Korinther 3,18

SCHON GEWUSST?

Mose und Elia leisteten Jesus auf dem Berg Gesellschaft, und zwar als Vertreter des Gesetzes (und der Propheten). Das Gesetz zeigte, wie schlecht die Menschen sind. Aber Jesus hat alles gutgemacht. Deshalb mussten Mose und Elia wieder verschwinden. Gott sagte, dass man jetzt nur noch auf Jesus hören soll.

TAG 6

Jesus kümmert sich um dich

Lies selbst

Lukas 10,30–35

Ich bin STRAHLEND

Hat dir jemand wehgetan? Vielleicht fühlst du dich manchmal mies, so wie der Mann, der am Straßenrand liegt. Aber Jesus ist schon da. Er versteht dich, weil er da auch mal gelegen hat. Er kümmert sich um dich. Nimmt dich in den Arm. Er bringt dich sicher zur Unterkunft und versorgt dich dort mit allem, was du brauchst. Er zeigt dir, dass du überhaupt nicht schuld bist und dass du dich nicht schämen musst. Er ist der barmherzige Samariter, der dir zeigt, wie geliebt du bist.

Du darfst wieder genießen und strahlen.

Merk's dir

Mit ewiger Liebe habe ich dich geliebt; darum habe ich dich zu mir gezogen aus lauter Gnade.

Jeremia 31,3b

Teens-Bibel, Seite 450–451

Deine Reaktion

Jesus, du bist so gut zu mir! Du bist für mich gestorben und wieder auferstanden. Nichts ist so schlimm, als dass du mich nicht wieder herausholst.

DENK MAL NACH

Jesus ist der barmherzige Samariter, der mit dir fühlt und sich um dich kümmert. Jesus ist aber auch das Opfer, das alle deine Sorgen, deinen Kummer und deinen Schmerz auf sich genommen hat.

TAG 7

Freunde helfen dir zu strahlen

Ich bin STRAHLEND

Lies selbst

Markus 2,1–12

Ein Junge liegt seit Jahren regungslos auf seiner Liegematte. Seine Freunde bringen ihn zu Jesus. Von ihm erfährt er, dass seine Sünden vergeben sind, und dass er aufstehen und gehen soll. Gesagt, getan. Er steht auf und geht strahlend zur Tür hinaus.

Toll, wenn du Freunde hast, die dich zu Jesus bringen, wenn du in Schwierigkeiten bist oder gerade nicht mehr weiter weißt. Freunde, die dir sagen, dass deine Sünden vergeben sind. Dass du aufstehen und strahlen darfst. Es ist so schön, füreinander da zu sein. Vielleicht bist du ja selbst so ein Freund für andere.

Merk's dir

Größere Liebe hat niemand als die, dass einer sein Leben lässt für seine Freunde. *Johannes 15,13*

TIPP

Du kannst mit deinen Freunden ausmachen, dass ihr euch gegenseitig immer auf Jesus hinweist. Auf seine Liebe und Herrlichkeit, die ihr annehmen und weitergeben dürft.

 Teens-Bibel, Seite 406–407

Deine Reaktion

Danke, Jesus, dass du mir Freunde gibst, die mir helfen, deine Liebe immer wieder neu zu empfangen. Und dass ich selbst so ein Freund sein darf.

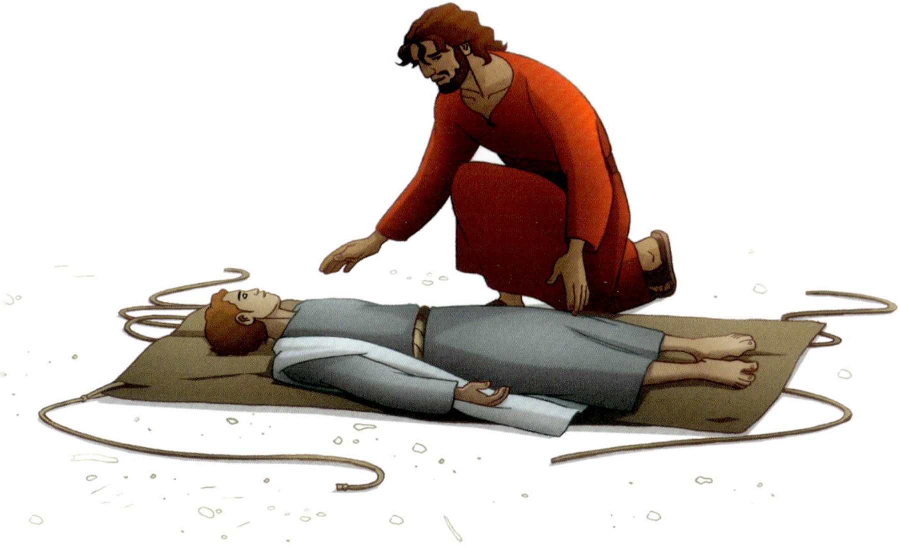

2. Ich bin … geliebt

Gott aber beweist seine Liebe zu uns dadurch, dass Christus für uns gestorben ist, als wir noch Sünder waren.

Römer 5,8

TAG
8

Der Vater sucht eine Braut für seinen Sohn

Lies selbst

Epheser 5,21–32

Ich bin **GELIEBT**

Die Bibel scheint ein Liebesroman zu sein. Sie erzählt die Geschichte eines Vaters, der eine Braut für seinen Sohn sucht. Aber die Braut ist eigensinnig und will nichts von diesem liebevollen Vater wissen. Bis Jesus sie mit seiner Liebe für sich gewinnt. Seine Braut ist die Gemeinde. Jesus hat sie heilig gemacht. Sie besteht aus Männern und Frauen. Jesus hat die Gemeinde auf eine Hochzeit vorbereitet. Auf die Hochzeit mit ihm.

Gott, der Vater, freut sich riesig über die Braut seines Sohnes Jesus. Jetzt ist er auch ihr Vater – und somit auch deiner! Du musst wissen, dass er nun auch dich als perfekt für seinen Sohn ansieht. So sehr bist du geliebt!

FRAGE

Weißt du, wie Jesus über dich denkt? Und dass er dich gefragt hat, ob du zu ihm gehören willst? Hast du schon Ja zu ihm gesagt?

Merk's dir

… gleichwie auch der Christus die Gemeinde geliebt hat und sich selbst für sie hingegeben hat, damit er sie heilige, nachdem er sie gereinigt hat durch das Wasserbad im Wort, damit er sie sich selbst darstelle als eine Gemeinde, die herrlich sei … *Epheser 5,25–27*

Deine Reaktion

Vater Gott, ich möchte an deinem Buch der Liebe mitschreiben. Danke, dass Jesus mich als seinen allerliebsten Schatz auserwählt hat.

TAG
9

Jesus betrachtet dich liebevoll

Lies selbst
Hoheslied 4

Stell dir mal vor, du bist verliebt (vielleicht bist du das ja). Die ganze Zeit über denkst du an deinen Schatz. »Mein Schatz gehört zu mir, und ich gehöre zu meinem Schatz«, denkst du dann. Oder anders herum: »Ich gehöre zu meinem Schatz, und mein Schatz gehört zu mir.« So wie Jesus, er hat nämlich auch gesagt: »Schön bist du, meine Freundin, in allem, und kein Makel ist an dir!« Diese Worte stehen im Hohelied 2,16a; 6,3 und 4,7.

Gott benutzt alle möglichen Beispiele, um dir klar zu machen, wie sehr er dich liebt. Das Bibelbuch »Hohelied« ist ein Liebeslied, das ein Junge und ein Mädchen einander zusingen. Du kannst es auch als Gedicht über die Liebe zwischen Jesus und seiner Gemeinde lesen. Jesus sagt zu dir: »Schön bist du, in allem.«

Deine Reaktion

Ich bin erstaunt, dass du mich so schön findest, Jesus. Dass du mich so unfassbar lieb hast. Ich weiß: Ich bin dein und du bist mein.

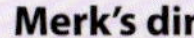

Merk's dir
Denn dein Schöpfer ist dein Ehemann, HERR der Heerscharen ist sein Name. *Jesaja 54,5a*

TIPP

Schau mal in den Spiegel und sage mit strahlendem Lächeln: »Jesus, ich bin perfekt in deinen Augen!«

TAG
10 Jesus hat dich freigekauft

Lies selbst

Ruth 3,9–17

Ruth ist Ausländerin. Sie muss hart arbeiten, um für ihre israelische Schwiegermutter Noomi und sich zu sorgen. Eigentlich laufen die beiden Frauen Gefahr, alles zu verlieren, und versklavt zu werden. Bis ein Israelit Erbarmen mit ihnen hat. Boas heiratet Ruth, bezahlt ihre Schulden und nimmt beide Frauen mit zu sich nach Hause.

Boas ist ein gutes Beispiel dafür, wie Jesus für uns sorgen will. Jesus hat die Macht und den Willen, uns freizukaufen. Und das hat er getan. Er hat uns mit zu sich nach Hause genommen, weil er uns so liebt.

Teens-Bibel, Seite 222–227

Deine Reaktion

Jesus, du bist mein Erlöser. Du hast mich von all meiner Schuld befreit. Jetzt kann ich deine Fülle genießen. Danke für deine Liebe zu mir.

DENK MAL NACH

Boas steht als Bild für Jesus. So wie Boas für Ruth und Noomi ein Segen war, so kam Jesus, um für die Juden und alle Völker ein Segen zu sein. Er segnet dich, indem er dich zum Teil seiner Familie macht und für dich sorgt.

Merk's dir

Mit ewiger Gnade will ich mich über dich erbarmen, spricht der HERR, dein Erlöser.
Jesaja 54,8b

TAG
11 Du bist Gottes geliebtes Kind

Lies selbst

Matthäus 3,13–17

Ich bin **GELIEBT**

Das Erste, was Gott zu Jesus sagt, ist, dass er geliebt ist. Er reißt sogar den Himmel auf, um das mitzuteilen. »Das ist mein geliebter Sohn, an ihm habe ich Freude«, so erklingt es. Mit diesen Worten reagiert Gott auf die Taufe Jesu.

Die Wassertaufe von Jesus deutet auf dessen Tod hin. Er wird jedes Unrecht auf sich nehmen, damit Gott den Menschen Recht verschaffen kann.

Gottes größte Freude ist es, Menschen Recht zu verschaffen und sie in ihrer Menschenwürde wiederherzustellen. Jesus kümmert sich darum. Deshalb ist er Gottes geliebter Sohn. Gottes Stimme verdeutlicht aber auch, wie sehr wir geliebt sind. Du weißt das, wenn du verstehst, warum Jesus zu uns gekommen ist. Er wollte seinem Vater eine Menge geliebter Kinder geben.

Deine Reaktion

Vater, ich kann mir sehr gut vorstellen, dass du hinausschreien wolltest, wie geliebt dein Sohn Jesus war und wie viel Freude er dir bereitete. Und was für ein Wunder ist es, dass du genauso über mich denkst!

SCHON GEWUSST?

Jesus ist gestorben und auferstanden, damit du Gottes geliebtes Kind sein kannst. Deine Wassertaufe ist ein wunderschönes Bild dafür, was Jesus für dich getan hat. Mit ihr zeigst du deine feste Verbundenheit mit ihm. Er lebt in dir durch seinen Geist, der dich nie mehr verlassen wird.

Merk's dir

»Ich will das ›mein Volk‹ nennen, was nicht mein Volk war, und die ›Geliebte‹, die nicht Geliebte war.«
Römer 9,25

TAG
12

Jesu Liebe ging bis zum Äußersten

Lies selbst
Matthäus 26,36–46

Ich bin **GELIEBT**

»So liebte er sie bis ans Ende«, schreibt Johannes, als der Leidensweg von Jesus beginnt. Jesus, der keine Angst kannte, nahm unsere Angst auf sich. Jesus, der keine Krankheit kannte, nahm unsere Krankheit auf sich. Jesus, der keine Sünde hatte, nahm unsere Sünden auf sich. Jesus, der niemanden verurteilte, wurde verurteilt. Jesus, der keine Finsternis kannte, wurde von Gott verlassen. So gab er sich für uns hin. Aus Liebe.

Jesus hat uns so sehr geliebt, dass er unser Elend mit in den Tod nahm. Wir können auf diese Liebe antworten. Wie? Indem wir alle unsere Nöte bei ihm abladen. Du kannst es glauben: Er hat alles gut gemacht!

Merk's dir
Dies tun wir, indem wir unsere Augen auf Jesus gerichtet halten, von dem unser Glaube vom Anfang bis zum Ende abhängt. Er war bereit, den Tod der Schande am Kreuz zu sterben, weil er wusste, welche Freude ihn danach erwartete.
Hebräer 12,2a NLB

Teens-Bibel, Seite 486–487

Deine Reaktion

Danke, Jesus, dass du mir gezeigt hast, wie sehr du mich liebst. Immer, wenn ich an das Kreuz denke, weiß ich das.

DENK MAL NACH

Drei Stunden lang hing Jesus – mitten am Tag – in völliger Dunkelheit am Kreuz. War das eine Sonnenfinsternis? Oder doch etwas anderes?

TAG
13 Glaube, dass du geliebt bist

Lies selbst

Matthäus 27,35–50

Ich bin **GELIEBT**

Fühlst du dich immer geliebt? Sicher nicht. Erfährst du immer Liebe? Auch nicht. Du findest, das ist ein verrückter Gedanke? Tja. Dennoch hat Jesus vor zweitausend Jahren in Raum und Zeit den Beweis dafür geliefert, dass du geliebt bist. Das Kreuz ist ein knallharter Beweis. Daran kannst du deinen Glauben festmachen. Und glauben ist wichtiger als fühlen, erfahren oder verstehen.

Echt wahr, je stärker dein Glaube wird, desto besser weißt du, wer du bist. Du bist geliebt. Wertvoll. Für immer und ewig. Schau auf Jesus und du weißt es. Dieses Wissen geht viel tiefer als ein bloßes Gefühl. Es ist nicht nur eine flüchtige Erfahrung oder ein kurz aufblitzender Gedanke.

SCHON GEWUSST?

Satan war die Schlange, die Eva ins Zweifeln brachte. Gott versicherte ihr, dass ihr Same den Kopf der Schlange zertreten würde. Das hat Jesus getan. Deshalb muss jede Stimme schweigen, die dir sagen will, dass du nicht geliebt bist.

Deine Reaktion

Herr, mein Gott, manchmal fühle ich nichts, erlebe nichts oder verstehe das alles nicht. Aber wenn ich an Jesus denke und wie er dort am Kreuz hing, glaube ich, dass das für mich war. Und dann weiß ich, wie geliebt ich bin.

Merk's dir

Gott aber beweist seine Liebe zu uns dadurch, dass Christus für uns gestorben ist, als wir noch Sünder waren. *Römer 5,8*

TAG 14

Gott bleibt treu

Lies selbst

Hosea 2,16–25

Ich bin GELIEBT

Ein Prophet heiratete eine Prostituierte. Immer wieder ging Gomer fremd, aber Hosea blieb ihr treu. Irgendwann lief sie sogar von ihm weg und landete als Sklavin im Frauenhandel. Aber ihr Mann kaufte sie zurück. Schließlich begriff sie, wie sehr ihr Mann sie liebte und blieb ihm treu. Nun war die Familie komplett.

Diese Geschichte steht in der Bibel, damit du siehst, wie sehr Gott dich liebt. Auch wenn du dich von ihm abwendest, lässt er dich nicht los. Er beweist dir weiterhin seine Liebe, indem er dich von allem freimacht, was dich abhält ihn zu lieben. Er bleibt dir treu.

DENK MAL NACH

Liebe kannst du mit Zeit messen. Liebe, die sich über eine lange Zeit beweist, nennt man Treue.

Deine Reaktion

Herr, du lässt mich nie los, auch wenn ich dir manchmal untreu bin. Danke für deine Treue.

Merk's dir
Wenn wir untreu sind, so bleibt er doch treu; er kann sich selbst nicht verleugnen.
2. Timotheus 2,13

3. Ich bin … gewollt

Ehe ich dich im Mutterleib bildete,
habe ich dich ersehen,
und bevor du aus dem Mutterschoß
hervorkamst, habe ich dich geheiligt.

Jeremia 1,5a

TAG
15 Gott hat dich immer gewollt

Lies selbst

Römer 8,29–30

Ich bin **GEWOLLT**

Warum existierst du eigentlich?
- Um die Menschheit zu erhalten?
- Weil deine Eltern ein Kind wollten?
- Weil du ein »Unfall« warst?
Laut Bibel hat Gott dich gewollt. Glaubst du das?

Gott hat die Welt erschaffen, weil er dich als sein Kind haben wollte. Als du Ja zu ihm gesagt hast, hat er dich aufgenommen und dich als der beste Vater, der er ist, angenommen. Jetzt ist er da, um für dich zu sorgen. Und dich als seinen schönsten Besitz zu ehren. Glaubst du das? Dann ehrst du ihn damit als Vater.

Merk's dir

Ehe ich dich im Mutterleib bildete, habe ich dich ersehen, und bevor du aus dem Mutterschoß hervorkamst, habe ich dich geheiligt. *Jeremia 1,5a*

Deine Reaktion

Lieber Vater, du hast mich immer gewollt. Das glaube ich. Ich glaube, dass ich dir durch mein Leben Freude mache. Ich möchte dir immer zeigen, wie wichtig du mir bist. Du bist so freundlich und gnädig, dass ich nur staunen kann.

SCHON GEWUSST?

In der Bibel siehst du, dass Gott Jesus immer gewollt hat. Die Geschlechtsregister durchzieht ein roter Faden, der auf Jesus hinausläuft. Durch den Glauben bist du aus Jesus geboren. Und deshalb bist du genauso gewollt wie er.

TAG 16 Gottes Plan mit Jesus ist gelungen

Lies selbst

Lukas 2,41–52

Ich bin **GEWOLLT**

Manche Menschen entdecken schon als Kind, dass Gott einen Plan mit ihnen hat. War das bei dir auch so? Jesus hat sich schon in jungen Jahren Gott, seinem Vater, zur Verfügung gestellt. Er erkannte, dass er das Lamm sein sollte, das Gott der Welt schenken würde, um alles in Ordnung zu bringen. Das ist ihm gelungen!

Gott hat einen Plan mit deinem Leben. Als du noch klein warst, hat er dich schon gewollt und gesehen. Weil Jesus zwischen dir und Gott alles in Ordnung gebracht hat, wird Gott dein Leben zum Blühen bringen. Dank Jesus wird Gottes Plan mit dir gelingen.

Deine Reaktion

Danke, Vater, dass du einen großartigen Plan mit mir hast. Danke, dass ich gemeinsam mit Jesus Erfolg haben darf.

FRAGE

Gott mutet dir nie etwas zu, das zu schwierig oder zu schwer für dich ist. Er will, dass du dich über seinen Plan freust, weil dieser zu dir passt. Glaubst du das?

Merk's dir

Er hat uns ja errettet und berufen mit einem heiligen Ruf, nicht aufgrund unserer Werke, sondern aufgrund seines eigenen Vorsatzes und der Gnade. *2. Timotheus 1,9a*

TAG 17 Deine Zukunft ist richtig gut

Lies selbst
Psalm 23

Gott will dich und er will eine gute Zukunft für dich. Warum? Weil er dich liebt. Deshalb wird er dich auch führen.

Es gibt drei Dinge, die du über Gottes Führung wissen musst:
1. Du darfst dir sicher sein, dass Gott einen guten Plan für dich hat.
2. Du darfst dir sicher sein, dass Gott dir zeigt, wie sein Plan aussieht.
3. Du darfst dir sicher sein, dass Gott dich führen wird.

Gott ist wie ein Hirte und du wie sein Schaf. Aber er lässt dich nicht einfach nur herumstehen, sondern führt dich zu immer neuen saftigen Wiesen. Je vertrauensvoller du mit ihm gehst, desto mehr wirst du von dem sehen, was er für dich im Sinn hat.

Deine Reaktion

Echt genial, Herr, dass du mir eine gute Zukunft versprichst. Deshalb habe ich keine Angst und mache mir auch keine Sorgen, sondern freue mich schon sehr darauf.

TIPP

Tatsache: Deine Zukunft beginnt jetzt.
Frage: Vertraust du Gott?
Dann sag: »Ich will dir gerne folgen.«

 Teens-Bibel, Seite 252–253, 460–461

Merk's dir

Denn ich weiß, was für Gedanken ich über euch habe, spricht der HERR, Gedanken des Friedens und nicht des Unheils, um euch eine Zukunft und eine Hoffnung zu geben. *Jeremia 29,11*

TAG 18

Jesus hat *dich* ausgewählt

Lies selbst

Markus 3,13–19

Ich bin GEWOLLT

Gott ruft dich, weil er genau dich will. Gott macht nicht nur Pläne, sondern er weiß auch, mit wem er sie ausführen will. Manche, die er aussuchte, meinten: »Ich bin schwach.« Andere sagten: »Ich bin zu jung.« Aber Gott machte jedem von ihnen klar, dass er genau sie wollte und niemand anderes. Jesus wählte Johannes, Andreas, Petrus und Paulus aus. Sein Plan mit ihnen war, dass sie Zeugen seiner Herrlichkeit sein sollten. Dann sollten sie das, was sie selbst erfahren hatten, an andere weitergeben.

Gott hat auch dich gewollt! Zunächst einmal wollte er, dass du weißt, wie geliebt du bist. Und dann, wie gewollt du bist. Er will dich für seinen Plan. Er will dich, damit die Welt erfährt, wie sehr Gott dich – und jeden einzelnen – liebt.

Merk's dir

Nicht ihr habt mich erwählt, sondern ich habe euch erwählt und euch dazu bestimmt, dass ihr hingeht und Frucht bringt und eure Frucht bleibt.
Johannes 15,16a

FRAGE

Hast du schon mal darauf geachtet, wie Gott seinen Plan bei anderen umsetzt? In der Bibel gibt es genug Beispiele. Sieh dir mal Gottes Plan im Leben deiner Eltern, Großeltern und anderer älterer Leute an. Sehr aufschlussreich!

Deine Reaktion

Vater, dass du mich gewollt hast, ist das größte Wunder meines Lebens. Du willst mich für immer. Und du hast einen Plan für jeden Tag meines Lebens. Dafür setze ich mich ein!

TAG
19

Du gehörst zum großen Plan Gottes

Lies selbst

Hebräer 11,1–39; 12,1–2

Ich bin **GEWOLLT**

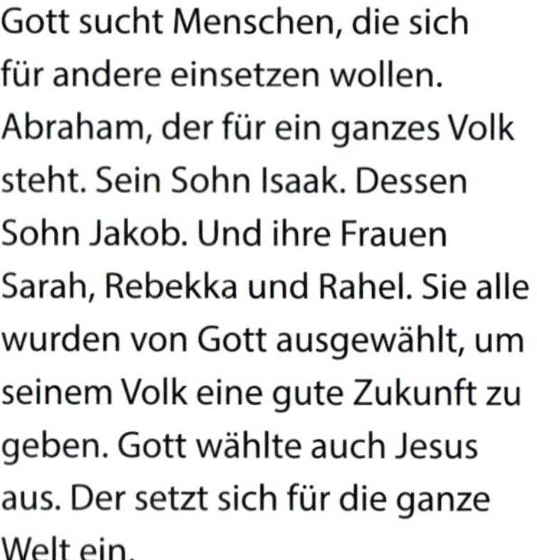

Gott sucht Menschen, die sich für andere einsetzen wollen. Abraham, der für ein ganzes Volk steht. Sein Sohn Isaak. Dessen Sohn Jakob. Und ihre Frauen Sarah, Rebekka und Rahel. Sie alle wurden von Gott ausgewählt, um seinem Volk eine gute Zukunft zu geben. Gott wählte auch Jesus aus. Der setzt sich für die ganze Welt ein.

Gott wollte auch dich! Er hat dich ausgewählt – mit einem Plan. Er will, dass du weißt, dass du nicht nur für ihn wertvoll bist, sondern auch für die Menschen in deinem Umfeld. Er will, dass Menschen Freude an dir haben. Jesus sorgt dafür, dass Gottes Plan mit dir gelingt.

Teens-Bibel, Seite 558–559

DENK MAL NACH

Ein Obstbaum ist dazu da, dass man seine Früchte genießt. Wann trägt er Früchte? Dann, wenn der Boden gut ist, die Sonne scheint und es regnet. Auch du sollst davon genießen. Was ist der gute Boden, den Gott für dich hat? Was ist Gottes Sonne? Und was sein Regen?

Deine Reaktion

Herr, mein Gott, du willst, dass es mir gut geht, damit ich anderen Gutes tun kann. Ich möchte gerne mehr über deinen Plan mit mir erfahren.

Merk's dir

Der ist wie ein Baum,
gepflanzt an Wasserbächen,
der seine Frucht bringt zu seiner Zeit,
und seine Blätter verwelken nicht,
und alles, was er tut, gerät wohl.
Psalm 1,3

TAG
20 Gott bewirkt Gerechtigkeit für dich

Lies selbst

Psalm 103

Ich bin GEWOLLT

David hat schon als Junge erfahren, dass Gott ihn auserwählt hat. König sollte er werden. Und Gott stand ihm bei. Aber er bekam auch Widerstand. König Saul wollte ihn umbringen. Und sogar einer von Davids Söhnen wollte das. Trotzdem vertraute David weiterhin auf Gott. Er wusste, dass er von Gott gewollt war. Gott würde für ihn da sein.

Gott lässt auch dich zu deinem Recht kommen. Fühlt es sich manchmal nicht so an? Zweifelst du an dir selbst? Bereiten andere dir Schwierigkeiten? Na und? Schau auf Jesus und du weißt: Gott wird für dich eintreten.

Deine Reaktion

Vater, ich glaube, dass du mich gewollt hast. Deshalb glaube ich auch, dass du für mich eintrittst. Auch wenn ich es manchmal schwer habe, du bewirkst wieder Gerechtigkeit für mich. Dir gehört so viel Lob!

Merk's dir

Der HERR übt Gerechtigkeit und schafft Recht allen Unterdrückten.
Psalm 103,6

SCHON GEWUSST?

Im alten Bund wurden Könige mit Öl gesalbt. Das bedeutete, dass Gott mit ihnen war und hinter ihnen stand. Im neuen Bund wird jeder, der an Jesus glaubt, mit dem Heiligen Geist gesalbt. Gott ist nämlich für dich da und wird dich niemals verlassen.

TAG
21 Du baust dein Haus auf den Fels

Lies selbst

Matthäus 7,24–27

Ich bin **GEWOLLT**

Gott möchte, dass du weißt, was er will. Er will nichts anderes als Jesus. Er will keine Sünde, denn die hat Jesus weggenommen. Wenn du aber sündigst, wird er dir das nicht vorwerfen, denn als Jesus kam, brachte er Vergebung mit. Gott möchte, dass du anderen vergibst, weil Jesus es auch getan hat. Er möchte, dass du dich selbst und andere liebst, denn Jesus liebt jeden.

Bleib einfach dicht bei Jesus, dann wirst du merken, wie du immer sicherer wirst in deinem Tun. Du verstehst dann immer besser, was Gott will. Es ist, als ob du dein »Lebenshaus« auf einen Felsen baust. Auf den Felsen Jesus.

Merk's dir

Du bist mein schützender Fels und meine Festung. Führe und leite mich um der Ehre deines Namens willen. *Psalm 31,4* NLB

Deine Reaktion

Danke, Jesus, dass ich untrennbar mit dir verbunden sein darf. Deshalb darf ich auch stark sein. So stark wie ein Fels.

TIPP

Du kannst Tagebuch führen. Notiere dir regelmäßig, was Gott zu dir sagt. Bibeltexte, Ratschläge, Beispiele, Wünsche. Das hilft dir zu verstehen, was Gott will. Formuliere es so, dass du es dir gut merken kannst.

4. Ich bin … gesegnet

Der Segen des HERRN allein macht reich,
und nichts tut eigene Mühe hinzu.

Sprüche 10,22

TAG
22 Gott ist gerne mit dir zusammen

Lies selbst

1. Mose 12,1–9

Ich bin GESEGNET

Gott will gerne mit den Menschen zusammen sein. Er findet Abraham, um mit ihm seinen Plan umzusetzen. »Verlasse dein Land«, sagt er zu ihm. »Geh zu deinem Vorteil«, sagt er buchstäblich. Auch dir wird es gutgehen, wenn du Gott zu deinem wichtigsten Begleiter machst.

»Ich werde dich segnen«, sagt Gott zu Abraham. »Ich will deinen Namen groß machen, und du sollst ein Segen sein.« Gott will außerdem ein ganzes Volk, mit dem er zusammen sein kann. »Ich will dich zu einem großen Volk machen«, sagt er. Er spricht hier auch von dir. Glaubst du, dass Gott gut ist, dich segnen und mit dir zusammen sein will? Dann bist du der Bibel zufolge ein Kind Abrahams und gehörst damit automatisch zu seinem Volk.

Deine Reaktion

Gott, ich will gerne mit dir zusammen sein. Ich glaube, dass du gut bist und dass ich dir vertrauen kann. Du wirst mich segnen!

SCHON GEWUSST?

Abraham war erst mal Abram. Das heißt »erhabener Vater«. Später nannte Gott ihn aber Abraham: »Vater vieler Völker«.

Merk's dir

Denn so war es auch bei Abraham: »Abraham glaubte Gott, und Gott erklärte ihn wegen seines Glaubens für gerecht.« Die wahren Kinder Abrahams sind also die, die an Gott glauben.

Galater 3,6–7 NLB

TAG
23

Brot und Wein bringen Segen

Lies selbst

1. Mose 14,18–20; Hebräer 6,20

Abraham trifft einen Hohenpriester. Melchisedek heißt er. Melchisedek segnet Abraham. Er gibt ihm auch Brot und Wein. Im Neuen Testament ist zu lesen, dass Melchisedek ein Abbild von Jesus ist. Und über das Brot und den Wein sagt Jesus, dass sie Symbole für seinen Körper und sein Blut sind. Wenn wir das zu uns nehmen, denken wir daran, dass sich Jesus uns geschenkt hat, um uns zu segnen.

Abraham hat mit Melchisedek vorausgeschaut. Und zwar auf das, was Jesus tun würde. Wir blicken zurück auf das, was Jesus getan hat. Er kam, um uns zu segnen. Vielleicht weißt du noch nicht, wie sehr du dich darüber freuen darfst. Segnen bedeutet nämlich, Güte, Schutz, Reichtum und Zufriedenheit auf jemanden zu legen. So segnet Jesus dich.

Deine Reaktion

Ich bin so froh, Jesus, dass ich dich habe. Gott wollte schon immer die Menschen segnen. Und genau das tust du für mich. Danke für deinen Segen!

DENK MAL NACH

Wer ist wer? Melchisedek bedeutet »König der Gerechtigkeit«. König von Salem, so nennt man ihn. Salem, das ist Jerusalem, die Stadt des Friedens. Von Jesus heißt es, dass er für immer von Jerusalem aus regieren wird.

Merk's dir

Der Segen des HERRN allein macht reich, und nichts tut eigene Mühe hinzu. *Sprüche 10,22*

TAG
24 Gott hält ein, was er sagt

Lies selbst

1. Mose 15

Gott verspricht Abraham einen Sohn. Und ausgehend von diesem Sohn eine ganze Nachkommenschaft. Aber wie kann das sein?, denkt Abraham, denn er und seine Frau Sarah können keine Kinder bekommen. Aber Gott hat einen Plan: Er trifft eine Vereinbarung mit Abraham. Die beiden schließen einen Bund. In diesem Bund ist Gott derjenige, der für alles sorgt. »Das werde ich«, sagt er. Abraham muss nichts weiter tun, als Gott zu vertrauen. Deshalb schläft er auch friedlich, während Gott dann seinen Bund mit ihm schließt.

Manchmal tut Abraham dumme Dinge. Oder zweifelt schon mal an Gott. Aber Gott bleibt treu. Alles kommt von Gottes Seite. Er kommt mit unverdienter Gunst und Gnade. Immer wieder. Und mit Segen. Gott hält sich an sein Wort, seine Vereinbarung, seinen Bund. Dieselbe Gnade hat er auch für dich.

Merk's dir

Denn aus Gnade seid ihr errettet durch den Glauben, und das nicht aus euch – Gottes Gabe ist es; nicht aus Werken, damit niemand sich rühme. *Epheser 2,8–9*

Deine Reaktion

Himmlischer Vater, du bist immer gleichbleibend treu. Auch wenn ich manchmal dumme Sachen mache oder dich vergesse, bist du unveränderlich gut zu mir. Du hast mich immer gleich lieb. Danke für diese Gnade!

TIPP

Schaust du manchmal in den Spiegel? Dann sag immer wieder: »Lieber Vater, du hast mich immer lieb!«

TAG
25 Gott macht dich zu dem, den er in dir sieht

Lies selbst

1. Mose 17,1–8

Ich bin **GESEGNET**

Gott hat Abraham große Dinge versprochen: einen Sohn, viele Nachkommen und ein Land. Sogar einen neuen Namen hat er ihm gegeben. Vater vieler Völker würde Abraham sein. Gott selbst würde ihn zu dem Abraham machen, den er in ihm sah.

Auch auf deinem Leben ruhen Versprechen. Vielleicht machst du dir manchmal Sorgen um dich: ob es dir gut gehen wird oder ob du wohl so sein wirst, wie du gerne sein möchtest. Dann musst du wissen, dass Gott alles für dich gutmachen wird. Er segnet dich ständig. Wenn du so vertraust, kann Gott dir nahe sein und dich führen und formen. Dabei macht er dich zu dem, was er in dir sieht, und löst auch die Versprechen ein, die auf deinem Leben ruhen.

FRAGE

Ein guter Trainer holt das Beste aus seinem Schüler heraus. Gott ist der beste Trainer. Was macht er mit dir, wenn du sein Schüler bist?

Teens-Bibel, Seite 68–71

Deine Reaktion

Danke, lieber Vater, dass ich mir keine Sorgen um mich machen muss. Du sorgst dafür, dass es mir gutgehen wird.

Merk's dir

Und wir wissen, dass für die, die Gott lieben und nach seinem Willen zu ihm gehören, alles zum Guten führt. *Römer 8,28 NLB*

TAG
26

Nicht, was du tust, sondern was du glaubst

Lies selbst

Römer 4

Ich bin **GESEGNET**

Abraham glaubte Gott. Er vertraute darauf, dass Gott es gut mit ihm meinte. Deshalb wurde er von Gott für gerecht erklärt. Gott würde ihm geben, was er versprochen hatte – einfach nur, weil er gut war und Abraham liebte. Weil Abraham das glaubte, konnte Gott ihn segnen.

Glauben ist das Gegenteil von Selbermachen wollen. Wenn wir glauben, sagen wir: »Jesus hat alles für mich vollbracht. Deshalb hat Gott mich auch bedingungslos angenommen und berechtigt, seinen Segen zu empfangen. Ich muss mich nicht erst qualifizieren, indem ich Gutes tue oder hart dafür arbeite. Ich bin schon qualifiziert. Weil Gott es sagt, glaube ich es.«

TIPP

Sag nicht: »Was muss ich noch tun, damit ich gesegnet werde?«
Sondern sag: »Ich glaube, dass Jesus mir allen Segen gegeben hat, den ich brauche – und noch mehr.«

Deine Reaktion

Gott, ich will lernen, alles in dem Glauben zu tun, dass du mich lieb hast und dass du hältst, was du versprichst. Du hast mich voll und ganz für deinen Segen berechtigt.

Merk's dir

Gerecht gesprochen aber wird ein Mensch aufgrund seines Glaubens, nicht aufgrund seiner Taten. *Römer 4,5 NLB*

TAG 27

Jesus will dich immer segnen

Lies selbst

Lukas 24,50–53; Apostelgeschichte 1,1–9

Segnen bedeutet wörtlich, gut von jemandem zu sprechen, ihn zu loben und ihm Anerkennung zu zeigen. Gott segnet Menschen, um ihnen Gutes zu tun. Darum kümmert er sich selbst. Und was er zusagt, hält er auch ein.

Jesus will immer segnen. Als er in den Himmel aufstieg, streckte er seine Arme aus und segnete seine Jünger. Der Engel, der bei diesem Geschehen dabei war, sagte zu den Jüngern: »Auf dieselbe Weise, wie Jesus in den Himmel aufgenommen wurde, wird er wieder zurückkehren.« Vom Himmel aus segnet Jesus alle Kinder Gottes. Durch seinen Geist wirkt sich dieser Segen in unserem Leben aus.

Deine Reaktion

Danke, Jesus, dass du mich ununterbrochen segnest. Du gibst mir alles, was ich brauche. Dein Geist ist bei mir und immer damit beschäftigt, Gutes in meinem Leben zu tun.

Merk's dir

Und er nahm sie auf die Arme, legte ihnen die Hände auf und segnete sie. *Markus 10,16*

SCHON GEWUSST?

Jüdische Rabbiner erheben die Hände, wenn sie Menschen segnen. Sie spreizen ihren Mittel- und Ringfinger auseinander. So bilden sie den hebräischen Buchstaben Schin. Er ähnelt einem Balken mit drei aufrecht angeordneten Füßchen. Schin ist der erste Buchstabe von Schaddai, dem Namen Gottes. Dieser Name bedeutet »Gott ist immer genug«. Auf diese Weise verbinden sie den Namen Gottes mit den Menschen.

TAG 28 Halte durch, Jesus kommt mit Segen!

Lies selbst

Matthäus 6,25–34

Ich bin **GESEGNET**

Jesus ist der Segensspender Gottes. Vielleicht hast du es manchmal schwer und weißt nicht mehr weiter. Dann spricht er. Seine Worte verwandeln deine Schwierigkeiten in Segen.

Bist du traurig? Sein Segen tröstet. Sehnst du dich nach Ruhe? Sein Segen bringt Frieden. Fühlst du dich verletzlich? Sein Segen schenkt Sicherheit. Es gibt kein Problem, das er nicht in Segen verwandelt. Also halte durch!

»Mach dir keine Sorgen«, sagt Jesus. »Dein himmlischer Vater sorgt für dich.«

TIPP

Übe dich darin, den Segen Gottes zu erkennen. Notiere dir (oder zeichne), womit er dich gesegnet hat. Und dann danke ihm.

Deine Reaktion

Danke, Jesus, dass du meine Situation so gut kennst, dass du alles für mich zum Guten verwandelst. Dein Segen macht mich glücklich!

Merk's dir

Vertraue auf den HERRN von ganzem Herzen und verlass dich nicht auf deinen Verstand; erkenne Ihn auf allen deinen Wegen, so wird Er deine Pfade ebnen. *Sprüche 3,5–6*

5. Ich bin … Gottes Kind

Jetzt seid ihr keine Diener mehr,
sondern Kinder Gottes.
Und als seine Kinder gehört euch alles,
was ihm gehört.

Galater 4,7 NLB

TAG
29 Gott ist da als unser Vater

Lies selbst

Johannes 1,1–18

Ich bin **GOTTES KIND**

Das wichtigste Wort in der Bibel ist der Name Gottes. Er bedeutet: »Ich bin da«. Jesus hat gezeigt, in welcher Form Gott da ist, nämlich als unser Vater. Jesus lebte ständig mit Gott als Vater. Er war ganz und gar eins mit ihm. Warum? Weil er wusste, wie sehr sein Vater ihn liebt.

Jesus ist Gottes perfekter Sohn. Gott hat sich so über ihn gefreut! Aber weißt du, dass er sich über dich genauso freut? Dieselbe Vaterliebe, die Gott für Jesus hat, hat er auch für dich. Wirklich! So wie Jesus der geliebte Sohn Gottes ist, so bist du sein geliebtes Kind. Darauf kannst du dich verlassen.

 Teens-Bibel, Seite 516–517

Deine Reaktion

Cool, dass du mich genauso lieb hast wie Jesus, Vater! Ich will gerne mehr über Jesus erfahren. Dann verstehe ich deine Vaterliebe noch besser.

DENK MAL NACH

Gottes Name schreibt sich JHWH. Ausgesprochen wird er »Jahweh«. Das bedeutet: »Ich bin da«. In unserer Bibel wurde dieser Name mit »HERR« (in Großbuchstaben) übersetzt. Das fanden die Übersetzer besser. Was meinst du?

Merk's dir

Und ich habe ihnen deinen Namen verkündet und werde ihn verkünden, damit die Liebe, mit der du mich liebst, in ihnen sei und ich in ihnen. *Johannes 17,26*

TAG
30 Gott beweist seine Vaterliebe

Lies selbst

1. Mose 22,1–2; Römer 4,17–25

Ich bin **GOTTES KIND**

Das Wort »lieben« kommt in der Bibel zum ersten Mal im Zusammenhang mit der Liebe eines Vaters zu seinem Sohn vor. Genauer gesagt mit der Liebe von Abraham zu Isaak. »Geh mit deinem einzigen Sohn Isaak, den du so sehr liebst«, sagt Gott. Er will Abraham (und uns) zeigen, dass die Liebe eines Vaters zu seinem Kind die wichtigste Liebe der Welt ist. Gott selbst ist nämlich der beste Vater. Er liebt alle seine Kinder.

Gott will Abraham die Bedeutung seiner Vaterliebe zeigen. Er sagt zu Abraham, dass er seinen Sohn opfern solle. Natürlich muss der Patriarch seinen Sohn nicht wirklich töten. Gott gibt ihm ein Opferlamm. Aber wir verstehen jetzt, wie sehr Gott uns als Vater liebt. Er wird seinen geliebten Sohn Jesus als Opferlamm geben. Dadurch bringt er alles für uns in Ordnung.

Deine Reaktion

Herr, mein Gott, du hast deinen geliebten Sohn Jesus für mich gegeben. Dank ihm bist du mein Vater und ich dein Kind. Danke, dass ich deine Vaterliebe genießen darf.

SCHON GEWUSST?

Abraham vertraute auf Gottes Zusage, dass er der Vater vieler Völker werden würde. Er glaubte sogar, dass Gott seinen Sohn Isaak aus dem Tod auferwecken könnte.

Merk's dir

Denn Gott hat die Welt so sehr geliebt, dass er seinen einzigen Sohn hingab, damit jeder, der an ihn glaubt, nicht verloren geht, sondern das ewige Leben hat.
Johannes 3,16 NLB

TAG 31

Von Neuem geboren – in die Familie Gottes

Lies selbst

Johannes 3,1–21

Du stammst von deinen Eltern ab. Logisch, klar. Gott aber hat dich in seine Familie aufgenommen. Dazu musstest du von Neuem geboren werden, und zwar als sein Kind.

Um von Neuem geboren werden zu können, muss man erst mal sterben. Zum Glück aber nicht wörtlich. Jesus ist für dich gestorben. Er hat dein altes, sündiges Leben mit in sein Grab genommen. Glaubst du das? Dann darfst du auch glauben, dass du mit ihm auferstanden bist. Auferstanden zu einem neuen Leben, das er dir schenkt. Du klebst nicht mehr an der Sünde fest. Du bist jetzt eine neue Schöpfung. Aus Gott geboren. In Gottes Familie hinein.

FRAGE

Der Prophet Hesekiel sah, wie sich ein Tal, das mit Knochen übersät war, veränderte und zahlreiche schöne Menschen hervorbrachte. Er sah, wie der Geist Gottes das machte. Diesen Geist hast du in dir. Glaubst du das?

Teens-Bibel, Seite 398–399, 332–333

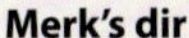

Merk's dir

Er hat uns »errettet durch das Bad der Wiedergeburt und durch die Erneuerung des Heiligen Geistes«. *Titus 3,5b*

Deine Reaktion

Herr, mein Gott, ich glaube, dass mein altes Ich gestorben ist. Danke für das Wunder, dass ich als neuer Mensch geboren wurde. Dein Geist hat mich lebendig gemacht. Jetzt bin ich dein Kind.

TAG
32 Du passt perfekt in Gottes großen Plan

Lies selbst

1. Mose 22,1–18

Du gehörst zu Gottes großem Plan mit der Welt. Sieh dir Abraham an, dann siehst du, wie dieser Plan begann. Gott versprach Abraham ein Volk. Das waren später die Israeliten (heute sind das die Juden). Und ein Land, in dem dieses Volk leben sollte, hatte er auch schon bestimmt: das Land Israel. Er versprach ihm auch noch viele andere Nachkommen. Das sind alle Menschen jeder Nation, die an Jesus glauben. Und ein Erbe für all diese Menschen hat Gott auch versprochen, und zwar die ganze Welt.

Ein Vater und ein Sohn. Damit hat Gott angefangen. Jetzt ist er dein Vater und du bist sein Kind. Du darfst in seinem Königreich leben. Er regiert mit seiner Vaterliebe in deinem Leben. So setzt Gott seinen Plan mit dir und der ganzen Welt um.

Teens-Bibel, Seite 78–79

DENK MAL NACH

Lebst du in Deutschland, Österreich oder der Schweiz? Der Bibel zufolge lebst du hier auf der Erde in Gottes Königreich. Und hast schon jetzt deinen Platz im Himmel!

Deine Reaktion

Lieber Vater, danke dass ich mitmachen darf bei deinem großen Plan mit der Welt. Ich darf in deinem Königreich leben. Und als dein Kind darf ich dein Erbe genießen.

Merk's dir

Er wird euch jeden Tag alles Nötige geben, wenn das Reich Gottes für euch das Wichtigste ist. *Lukas, 12,31 NLB*

TAG
33 Gott, der Vater, organisiert ein Fest für dich

Lies selbst

Lukas 15,11–32

Ich bin **GOTTES KIND**

Jesus erzählt eine Geschichte von zwei Söhnen. Der jüngere verlässt seinen Vater und verprasst sein Erbe. Der ältere arbeitet weiterhin brav bei seinem Vater. Als der jüngere Sohn zurückkommt, läuft ihm der Vater mit eiligen Schritten entgegen, umarmt und küsst ihn. Er gibt dem Sohn seine Würde zurück und organisiert ein Fest für ihn. Der ältere Sohn meckert und ist eifersüchtig.

Vielleicht bist du ja so ein jüngster Sohn, der es oft vermasselt. Vielleicht bist du auch der Älteste und meinst, dass du es nie recht machst. Gott freut sich als Vater immer über dich. Er will dich gerne in seiner Nähe haben. Du musst wissen, dass seine Gnade immer für dich da ist. Du darfst seine unverdiente Gunst genießen.

Deine Reaktion

Danke, Vater, dass du dich nicht an dem freust, was ich tue, sondern daran, wer ich bin. Du hängst so sehr an mir, dass du mich umarmst, küsst und unser Zusammensein feierst.

SCHON GEWUSST?

Ein Sklave musste arbeiten, um sich seinen Lohn zu verdienen. Aber du brauchst dich nicht abzumühen, um Gunst bei Gott zu bekommen. Du bist sein Kind. Alles, was ihm gehört, gehört auch dir.

Merk's dir

Jetzt seid ihr keine Diener mehr, sondern Kinder Gottes. Und als seine Kinder gehört euch alles, was ihm gehört.

Galater 4,7 NLB

TAG
34 Willkommen in der Familie Gottes

Lies selbst

Lukas 8,43–49

Ich bin GOTTES KIND

Eine Frau wird von der Gemeinschaft ausgeschlossen. Niemand darf sie berühren. Schon seit zwölf Jahren nicht. Sie ist unrein. Sie aber berührt Jesus und wird geheilt. Schnell versucht sie, sich unbemerkt davonzumachen. Aber Jesus spricht sie an. »Tochter!«, sagt er und nimmt sie in die Familie Gottes auf.

Vielleicht fühlst auch du dich ausgegrenzt. Gequält. Ausgeschlossen. Jesus findet dich nicht seltsam. Niemals schließt er dich aus. Du kannst ihm vertrauen. Seine Güte und Freundlichkeit sind zum Anfassen da – er ist nicht weit weg, sondern immer so nah bei dir, dass du ihn berühren kannst. Er wird dich in der Familie Gottes willkommen heißen.

Deine Reaktion

Danke, Jesus, dass du mir einen Platz in deiner großen, herrlichen Familie gegeben hast. Danke, dass ich als dein Kind in einer Gemeinschaft aufwachsen darf, in der deine Gnade herrscht.

DENK MAL NACH

Die Gemeinde wird in der Bibel oft als Leib (Körper) bezeichnet. So eng ist die Familie Gottes miteinander verbunden. Jesus ist der Kopf dieses Körpers. Wie also fühlt, denkt und spricht die Gemeinde?

Merk's dir

So seid ihr nun nicht mehr Fremdlinge ohne Bürgerrecht und Gäste, sondern Mitbürger der Heiligen und Gottes Hausgenossen.
Epheser 2,19

TAG
35 Du hast ganz viele Brüder und Schwestern

Lies selbst

Philemon 1,1–25

Ein Junge reißt von zu Hause aus. Es ist der Sklave Onesimus. Sein Herr, Philemon, ist mit Paulus bekannt und kennt Gott als Vater. Paulus nimmt den Jungen wie sein eigenes Kind auf. Er erzählt ihm, dass er einen himmlischen Vater hat. Und einen Bruder, der sich für ihn einsetzt: Jesus. Paulus fragt Onesimus, ob er auch ein Kind Gottes werden will. Der Junge sagt Ja!

Onesimus muss sich mit seinem Herrn versöhnen. Paulus gibt ihm einen Brief mit. Darin bittet er Philemon, Onesimus zu vergeben und ihn bei sich und seiner Familie aufzunehmen. Schließlich gehört Onesimus jetzt zur gleichen Familie: zur Familie Gottes. Und als Kinder Gottes sind wir alle gleichermaßen geliebte Brüder und Schwestern.

Merk's dir

Über dies alles aber [zieht] die Liebe [an], die das Band der Vollkommenheit ist. *Kolosser 3,14*

Deine Reaktion

Vater, danke, dass ich dein Kind bin. Ich habe ganz viele Brüder und Schwestern. Wir haben uns lieb, weil du uns lieb hast.

TIPP

Fällt es dir manchmal schwer, mit anderen umzugehen? Stell dir einfach vor, wie Jesus diese Menschen ansieht. Betrachte sie mit seinen Augen. Und dann bitte ihn, dass er sie segnet – vielleicht sogar durch dich.

6. Ich bin … ein Freund

Euch aber habe ich Freunde genannt,
weil ich euch alles verkündet habe,
was ich von meinem Vater gehört habe.

Johannes 15,15b

TAG 36 Ein Freund Gottes

Lies selbst

1. Mose 24,1–2; 2. Chronik 20, 5–7

Ich bin **EIN FREUND**

Du bist ein Freund, wenn

1. du mit dem Anderen lachen und weinen kannst,
2. du den Anderen durch und durch kennst und trotzdem sein Freund bleiben willst,
3. du dem Anderen in jeder Situation vertraust und umgekehrt.

Dreimal wird Abraham in der Bibel Gottes Freund genannt. Warum? Weil Freunde sich vertrauen. Gott vertraute Abraham und Abraham ging darauf ein. Gott machte seine Freundschaft übrigens nicht von Abraham abhängig. Er selbst gründete diese Freundschaft und hielt an ihr fest. Das macht er auch bei dir.

SCHON GEWUSST?

Gott verwirklicht seine Pläne durch Freundschaft. Dazu wählte er Abraham und dessen Nachkommen aus. Jetzt wählt er dich als Freund oder Freundin für seine Pläne aus.

Merk's dir

Die Freundschaft mit dem Herrn gebührt denen, die ihn ernst nehmen. Er lässt sie wissen, wozu sein Bund mit ihnen da ist. *Psalm 25,14 NLB*

Deine Reaktion

Lieber Vater, danke, dass ich wie Abraham dein Freund sein darf. Du vertraust mir so sehr, dass du Jesus für mich gegeben hast. Danke, dass ich als dein Freund mit dir zusammen sein darf.

TAG
37 Jesus nennt dich seinen Freund

Lies selbst

Matthäus 26,50; Lukas 22,47–62

Ich bin **EIN FREUND**

Freundschaft heißt, dass man sich gegenseitig vertraut. Jesus schenkt dieses Vertrauen. Er sucht sich Jünger aus und bezeichnet sie als seine Freunde. Als Judas ihn im Garten Gethsemane verrät, schenkt er ihm trotzdem Vertrauen. »Mein Freund, bist du dafür gekommen?«, fragt Jesus. Auch Petrus wird ihn verraten, und zwar im Innenhof des Hohenpriesters. Aber genau in diesem Moment sucht Jesus den Blickkontakt zu ihm. Und er wird weiterhin den Kontakt zu Petrus suchen, weil er für immer an seiner Freundschaft festhält.

Die gleiche Freundschaft hat Jesus auch mit dir geschlossen. Auch dir schenkt er sein Vertrauen. Du weißt genau, was du an ihm hast. Er hält nichts zurück. Er gibt die Liebe, die ihm sein Vater schenkt, vollständig an dich weiter.

Merk's dir

Euch aber habe ich Freunde genannt, weil ich euch alles verkündet habe, was ich von meinem Vater gehört habe. *Johannes 15,15b*

Teens-Bibel, Seite 488–489, 492–503, 512–513

TIPP

Von Jesus kannst du lernen, was Freundschaft bedeutet. Verbringe dann auch als Freund Zeit mit ihm. Sprich viel mit ihm. Halte nichts zurück.

Deine Reaktion

Danke, Jesus, dass ich dein Freund sein darf. Nichts ist so schön wie ein guter Freund. Du bist der beste Freund!

TAG 38 Jesus ist für immer dein Freund

Lies selbst

Johannes 11,1–44

Jesus liebt Freundschaften. Lazarus ist bekanntlich sein Freund. »Herr, dein Freund Lazarus ist krank«, melden ihm ein paar Männer. »Unser Freund schläft«, antwortet Jesus. »Unser Freund«, sagt er. Wenn jemand ein Freund von Jesus ist, dann ist er gleichzeitig auch ein Freund aller Freunde von Jesus. Jesus ist auch mit Lazarus' Schwestern Marta und Maria befreundet. Als ihr Bruder stirbt, weint Jesus, weil die beiden so traurig sind. Dann aber gibt er ihnen ihren Bruder zurück: Er erweckt ihn zum Leben.

Jesus verbindet Menschen miteinander. Er will, dass du weißt, dass uns nicht einmal der Tod voneinander trennen kann. Nein, der Tod kann die Gemeinde nicht bezwingen. Die Liebe bleibt für immer bestehen.

Merk's dir

Die Liebe hört niemals auf.

1. Korinther 13,8a

Deine Reaktion

Herr Jesus, du hast mir gezeigt, wie wichtig dir Freundschaft ist. Ich kann dir wirklich vertrauen.

DENK MAL NACH

Jesus gibt Lazarus seinen Freunden zurück. Diese Freunde müssen aber etwas tun: Sie müssen erst den Felsblock vor der Graböffnung wegrollen. Und dann müssen sie Lazarus von den Grabtüchern befreien. Im übertragenen Sinn kannst du das als guter Freund auch für andere tun: Erzähle deinen Freunden von der Freiheit und der Freude, die Christus schenkt. Damit wälzt du den »Stein« weg, hinter dem sie in Dunkelheit und Einsamkeit gefangen sind, und befreist sie aus den »Grabtüchern« ihrer negativen Erlebnisse, Zweifel und Enttäuschungen.

TAG
39

Du bist der beste Freund von Jesus

Lies selbst

Matthäus 9,9–13

Ich bin **EIN FREUND**

Denk nie, dass du für eine Freundschaft mit Jesus nicht gut genug bist. Oder dass Jesus kein Interesse an dir hat. Oder dich übersieht. Freund von Zöllnern und Sündern wird Jesus sogar genannt. Warum sollte er also nicht auch dein Freund sein?

Jesus findet dich toll. Schön findet er dich. Und begabt. Er findet dich interessant, besonders und nett. Und lieb, spannend, faszinierend und hinreißend.

Du bist echt so geliebt! Nie hätte Jesus sonst sein Leben für dich gegeben. Und wäre niemals mit seinem Geist in dich gekommen. Er betrachtet dich als seinen besten Freund, seine beste Freundin.

Merk's dir

Darin besteht die Liebe – nicht dass wir Gott geliebt haben, sondern dass er uns geliebt hat und seinen Sohn gesandt hat als Sühnopfer für unsere Sünden. *1. Johannes 4,10*

Deine Reaktion

Herr, wie kann es sein, dass ich so besonders für dich bin, dass ich dein Freund, deine Freundin sein darf? Mir wird ganz warm ums Herz, denn ich finde dich so besonders.

SCHON GEWUSST?

Die Schimpfnamen, die man Jesus anhängt, lassen gut erkennen, wer er ist. Und mit wem er alles umgeht. Es sind eigentlich Ehrentitel. »Vielfraß«. »Säufer«. »Samariter«. »Missetäter«. »Freund von Zöllnern und Sündern«.

TAG
40 Wer sind deine Freunde?

Lies selbst
Hiob 33,23–30

Ich bin **EIN FREUND**

Hiob dachte, er hätte Freunde. Aber Elifas, Bildad und Zofar beschuldigen ihn nur. Ihrer Ansicht nach ist er selbst schuld an seinem Elend. Gott hat es so gewollt, meinen sie. Doch dann kommt Elihu. Er sagt, dass Hiob jemanden braucht, der für ihn einstehen kann. Jemand, der Hiobs Elend auf sich nimmt. Und dass Gott diesen Jemand schickt. Hiob glaubt Elihus Worten. Jetzt wird er gesund. Er erholt sich vollständig. Und wird der am meisten gesegnete Mann auf Erden.

Hast du einen Freund, der dich auf Jesus hinweist, wenn du nicht mehr klarkommst? Jemanden, der dir sagt, dass Gott nicht will, dass es dir so schlecht geht? Und dass Gott Jesus gegeben hat, damit er alles von dir wegnimmt? Ein solcher Freund bringt Segen in dein Leben.

DENK MAL NACH

Elihu erzählt Hiob von Gottes Gnade. Er weist Hiob auf einen Anwalt hin, einen Fürsprecher, auf einen Mittler, der ein Lösegeld bereithält. Auf wen deutet dieses alttestamentliche Bibelbuch hin?

Merk's dir
Zu einem Freund, dem es schlecht geht, sollte man freundlich sein, selbst dann, wenn er den Allmächtigen nicht mehr fürchtet.
Hiob 6,14 NLB

Deine Reaktion

Herr, ich brauche nicht wütend auf dich zu sein. Wenn ich mich frage, warum etwas passiert, dann weiß ich, dass du für mich eintreten wirst. Und falls ich das mal nicht wissen sollte, schickst du mir einen Freund, der mir hilft.

TAG
41 Freunde tun alles füreinander

Lies selbst

1. Samuel 18

Ich bin **EIN FREUND**

Jonatan war der Thronfolger. Gott hat aber David als neuen König bestimmt und gesalbt. Jonatan war Davids Freund. Er gönnte ihm den Thron von Herzen. Jonatans Vater Saul aber nicht. Er wollte David töten. Jonatan stellte sich nicht auf die Seite seines Vaters, sondern hielt zu David. Wegen ihrer Freundschaft. Jetzt konnte David König werden und Gott seinen Plan durchführen.

Du gönnst deinen Freunden das Allerbeste, auch wenn du dich selbst dabei zurücknehmen musst. Du hältst auch dann zu ihnen, wenn sie schwierige Zeiten durchmachen. Warum? Weil echte Freundschaft das Schönste ist, was es gibt. Gottes Segen wirkt durch sie.

Teens-Bibel, Seite 262–263

Deine Reaktion

Ich möchte lernen, was Freundschaft ist. Danke, Vater, dass ich Umgang mit dem besten Vorbild haben darf: mit Jesus, der bereit war, sein Leben für mich zu opfern. Und mir jetzt einen Platz auf seinem Thron gibt.

TIPP

Betest du manchmal für deine Freunde? Wenn dir keine Worte mehr für sie einfallen, will der Heilige Geist übernehmen und durch dich beten.

Merk's dir
Größere Liebe hat niemand als die, dass einer sein Leben lässt für seine Freunde. *Johannes 15,13*

TAG
42 Freunde bringen sich gegenseitig zu Jesus

Ich bin **EIN FREUND**

Lies selbst

Johannes 13,1–17

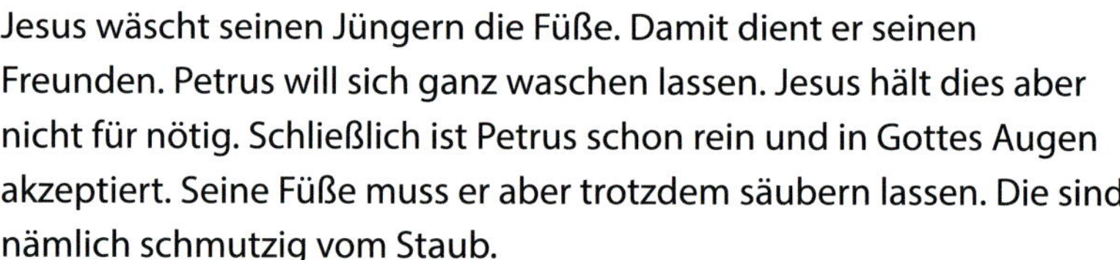

Jesus wäscht seinen Jüngern die Füße. Damit dient er seinen Freunden. Petrus will sich ganz waschen lassen. Jesus hält dies aber nicht für nötig. Schließlich ist Petrus schon rein und in Gottes Augen akzeptiert. Seine Füße muss er aber trotzdem säubern lassen. Die sind nämlich schmutzig vom Staub.

Teens-Bibel, Seite 480–481

Im Alltag sammelt sich »Staub« an, sodass man sich schmutzig fühlt. Dinge, die schief gelaufen sind, zum Beispiel. Hässliches Gerede, das du mitbekommst. Dann brauchst du Freunde, die das von dir »abwaschen«. Die genau wie Jesus sagen, dass du vollkommen gut und rein bist. Und dass du dir auf keinen Fall etwas anderes einreden lassen solltest. So müsst ihr euch gegenseitig helfen, meint Jesus. So dient ihr einander als Freunde.

Deine Reaktion

Danke, Herr, dass du mich lieb hast, sodass ich mit dieser Liebe auch meine Freunde lieb haben kann. Ich will ihnen gerne dienen, damit es ihnen gut geht.

SCHON GEWUSST?

Die Schlange muss in 1. Mose Staub fressen. Es ist Satan, der als Ankläger davon lebt, Menschen zu verurteilen. In der Offenbarung ist er davon so fett geworden, dass er sich in einen Drachen verwandelt hat. Aber er kriegt die Gemeinde Jesu nicht zu fassen!

Merk's dir

Wenn nun ich, der Herr und Meister, euch die Füße gewaschen habe, so sollt auch ihr einander die Füße waschen.
Johannes 13,14

7. Ich bin … frei

Wenn euch nun der Sohn frei machen wird,
so seid ihr wirklich frei.

Johannes 8,36

TAG
43 Du bist kein Sklave mehr

Lies selbst

2. Mose 12

Ich bin **FREI**

Gott befreite sein Volk aus Ägypten, aus der Sklaverei. Er will nämlich nicht, dass Menschen unterdrückt werden. Nicht von anderen Menschen. Und auch nicht von teuflischen Mächten. Nicht von Angst. Und auch nicht von Armut. Nicht von Schuld. Und auch nicht von Traurigkeit, zwanghaften Gedanken oder Süchten. Er will keine Sklaven, sondern freie Menschen.

Israel drohte zugrunde zu gehen. Aber Gott führte sein Volk in ein neues Leben. Die Bedrohung ging an Israel vorüber. Durch das Blut an ihren Türpfosten konnten sie frei werden.

Auch du bist durch das Blut Jesu frei. Weil er mit seinem Leben für dich eingetreten ist, kann dich nichts mehr festhalten oder bedrohen.

Deine Reaktion

Danke, Jesus, dass du mich mit deinem Blut von allem freigekauft hast, was mich festhalten wollte. Ich bin ganz frei.

TEST

Wie lebst du deine Freiheit? Kannst du »Nein« sagen zu Dingen, die du nicht willst? Bitte Jesus, dass er dir hilft.

Merk's dir

Denn ihr wisst, dass Gott euch nicht mit vergänglichen Werten wie Silber oder Gold losgekauft hat von eurem früheren Leben, das ihr so gelebt habt wie schon Generationen vor euch. Er bezahlte für euch mit dem kostbaren Blut von Jesus Christus, der rein und ohne Sünde zum Opferlamm Gottes wurde. *1. Petrus 1,18–19 NLB*

TAG
44 Du bist vom Gesetz befreit

Lies selbst

Galater 3,23 bis 4,7

Israel blieb lieber nicht frei. Gott musste seinem Volk das Gesetz geben. Wer sich nicht daran hielt, wurde bestraft. Deshalb lebten die Menschen mit Schuld und Angst vor Verurteilung, egal, wie sehr sie sich bemühten. Das Gesetz machte sie wieder zu Sklaven.

Jesus hat dieses Gesetz vollständig erfüllt. Er hat alles getan, was das Gesetz verlangte. Er hat auch jede Strafe auf sich genommen, die das Gesetz bei Übertretungen forderte. Deshalb ist jeder, der an Jesus glaubt, vom Gesetz frei. Von Schuld auch. Und frei von der Angst, verurteilt zu werden. Dank Jesus bist du wirklich frei!

Deine Reaktion

Danke, Jesus, dass du dem Gesetz ein Ende gemacht hast. Danke, dass du mir zuverlässig zeigst, wie ich leben soll.

Merk's dir

Doch als der festgesetzte Zeitpunkt da war, sandte Gott seinen Sohn, geboren von einer Frau und dem Gesetz unterstellt. Gott sandte ihn, um uns aus der Gefangenschaft des Gesetzes freizukaufen und als seine Kinder anzunehmen. *Galater 4,4–5 NLB*

SCHON GEWUSST?

Das Gesetz bringt niemanden näher zu Gott. Stattdessen macht es dir deine Sünden immer stärker bewusst. Jesus befreit dich davon und führt dich zum Herzen Gottes.

TAG
45 Du bist so frei wie Jesus

Lies selbst
Lukas 4,14–30

Ich bin **FREI**

Niemand kann Jesus bedrohen. Niemand kann ihn verurteilen. Er ist sich keiner schlechten Tat bewusst. Deshalb ist er völlig frei. Auch als die Menge ihn steinigen will, behält er seine Freiheit. Er lässt sich nicht beeinflussen.

Jesus hat dir seine Freiheit geschenkt. Niemand kann dich bedrohen oder verurteilen. Warum also solltest du noch Angst vor Menschen haben?

Merk's dir
Ist Gott für uns, wer kann gegen uns sein? Er, der sogar seinen eigenen Sohn nicht verschont hat, sondern ihn für uns alle dahingegeben hat, wie sollte er uns mit ihm nicht auch alles schenken? Wer will gegen die Auserwählten Gottes Anklage erheben? Gott [ist es doch], der rechtfertigt! *Römer 8,31–33*

Deine Reaktion

Jesus, nichts kann mich von deiner Liebe trennen. Deshalb darf ich mich unter anderen Menschen frei fühlen.

TIPP

Willst du in Jesus stark sein? Dann sag (und lerne es auswendig): »Wenn Gott für mich ist, wer kann dann gegen mich sein?«

TAG
46 Hör zu (hundert Mal oder noch öfter): Du bist frei!

Lies selbst

Matthäus 28,1–10

Ich bin **FREI**

Wovon willst du frei sein? Von
- Angst vor Menschen
- Leistungsdruck
- Heischen nach Aufmerksamkeit
- schlechten Angewohnheiten
- Stolz
- etwas anderem?

Du bist schon frei davon! Jesus hat deine ganze Not mit ins Grab genommen. Als der Grabstein beiseite gewälzt wurde, durftest du mit Jesus in ein neues, freies Leben eintreten.

Jesus ist die Wahrheit. Und wahr ist auch alles, was er getan hat. Deine Sünden sind dir vergeben! Das ist die Wahrheit. Du brauchst nicht mehr darin festzustecken. Du bist frei!

FRAGE

Warum fühlst du dich manchmal trotzdem nicht frei? Vielleicht hörst du nicht immer gut zu, wenn Jesus dir sagt, dass du freigesprochen bist, dass Gott dich nicht verurteilt. Du musst das hören. Immer wieder hören. Und glauben! Und dann handelst du danach.

Deine Reaktion

Jesus, danke für deine Freiheit. Ich will dir immer zuhören. Will hören, dass du mich freigesprochen hast.

Merk's dir

Wenn ihr in meinem Wort bleibt, so seid ihr wahrhaftig meine Jünger, und ihr werdet die Wahrheit erkennen, und die Wahrheit wird euch frei machen! *Johannes 8,31b–32*

TAG
47 Du darfst frei mit Gott umgehen

Lies selbst

2. Samuel 6,12–23

Ich bin **FREI**

Im Alten Testament gibt es wahrscheinlich niemanden, der so frei war wie David. Er war eng mit Gott verbunden und ließ sich nicht von der Meinung anderer beeinflussen. So bediente er sich einfach am heiligen Brot, das eigentlich niemand berühren durfte. Auch ließ er sich nicht dazu überreden, Rache an König Saul zu nehmen, der ihn töten wollte. Oder er ging einfach in das Zelt Gottes, legte sich vor die Bundeslade und schlief. Und er tanzte in Jerusalem in seiner Unterwäsche vor Gott.

Was war Davids Geheimnis seiner Freiheit? Er wusste, dass er geliebt war. Sein Name bedeutet »der Geliebte«.

Merk's dir
Wohl dem, der sein Vertrauen auf den HERRN setzt. *Psalm 40,5a*

Deine Reaktion

Vater Gott, ich weiß, dass ich genauso geliebt bin wie David. Deshalb will ich auch so frei sein. Danke, dass du mich darin ermutigst.

TIPP

David verhielt sich Gott gegenüber frei. Er war ehrlich und schämte sich nicht vor ihm. Er konnte wütend sein, schimpfen, aber auch sein Vertrauen, seine Liebe und Bewunderung ausdrücken. Lies mal Davids Psalmen.

TAG 48

Gott schenkt dir immer wieder seine Freiheit

Lies selbst

2. Samuel 11,27

Ich bin **FREI**

Gott gönnt dir deine Freiheit. Er will, dass du sie genießt. David kannte diese Freiheit. Er missbrauchte sie aber: Er nahm sich die Frau eines anderen und ließ ihren Mann töten. Ein Prophet musste ihn dann zurechtweisen.

Mit seinen Sünden hatte der König seine Familie, sein Volk und sich selbst in Schwierigkeiten gebracht. David hatte Angst, dass Gott jetzt vielleicht seinen Geist von ihm nehmen würde. Aber Gott schenkte ihm auch weiterhin seine Gnade. Die Frau, die David sich genommen hatte, schenkte ihm einen Thronfolger, der besonderes Ansehen genoss. Aus seinen Nachkommen würde Jesus hervorgehen, der ewige König.

Deine Reaktion

Vater, danke, dass du mich ermutigst, mich auf deine Güte zu stützen. Auch wenn mal etwas schiefgeht, vergibst du mir und sprichst mich frei.

SCHON GEWUSST?

Wenn du Fehler machst, darfst du ohne Scheu zu Gott kommen und ihm davon erzählen. Du darfst sicher auf seine Vergebung vertrauen, weil Jesus schon für alle deine Sünden bezahlt hat. Du darfst ihn bitten, dir zu zeigen, wie du es in Zukunft besser machen kannst.

Merk's dir

So fern der Osten ist vom Westen, hat er unsere Übertretungen von uns entfernt.

Psalm 103,12

TAG
49 Die Freiheit von Gottes Wort wirkt Wunder

Lies selbst

Apostelgeschichte 12,1–19

Ich bin **FREI**

Die Apostel sprechen offen über Jesus. Sie erzählen, dass er das Gesetz erfüllt hat. Und dass jetzt jeder freigesprochen werden kann. Die Männer, die auf das Gesetz aufpassen, sind wütend. Sie nehmen Petrus gefangen. Aber die Jünger von Jesus beten für ihn. Sie beten, dass Petrus weiterhin frei heraus und kraftvoll über Jesus sprechen kann. Dann wird Petrus von einem Engel aus dem Kerker befreit. Jetzt erzählt er wieder überall, dass jeder Mensch Jesus braucht.

Niemand kann das Wort Jesu aufhalten. Nichts ist so frei wie dieses Wort. Nichts ist so mächtig. Warum? Weil das Wort von Jesus durch keinen Urteilsspruch der Welt aufgehalten werden kann.

Deine Reaktion

Herr Jesus, ich habe selbst gemerkt, welch starken Einfluss dein Wort hat. Es hat mich verändert. Das gönne ich anderen Menschen auch. Danke, dass ich davon weitererzählen darf.

TIPP

Gottes Wort lässt sich nicht mehr aufhalten. Es ist mächtig, zuverlässig und erfüllt seine Aufgabe. Deshalb ist es auch so schön, dieses Wort weiterzugeben. Nur zu!

Merk's dir

Aber das Wort Gottes lässt sich nicht in Ketten legen.

2. Timotheus 2,9b NLB

8. Ich bin … einzigartig

Die er aber zuvor erwählt hat,
die hat er auch im Voraus dazu bestimmt,
nach dem Bild seines Sohnes gestaltet zu werden,
damit dieser der Erstgeborene sei
unter vielen Brüdern.

Römer 8,29

TAG
50 Jesus hilft dir, dein Leben zu meistern

Lies selbst

Kolosser 3,1–17

Ich bin **EINZIGARTIG**

Jedes Lebewesen ist einzigartig. Geschaffen nach seiner eigenen Art. Wenn man Gras sät, bekommt man keine Kartoffeln. Und aus Vogeleiern schlüpfen keine Fische. Pflanzt man einen Baum in einen Kieshaufen, wird er verkümmern.

Gott will, dass du dich zu einem ganzheitlichen Menschen entwickelst. Woher weißt du, wer du sein musst? Tiere folgen ihrem Instinkt. Du brauchst etwas anderes, damit du weißt, wie du wirklich Mensch sein kannst. Schau auf Jesus! Gott hat uns Jesus als Mensch gegeben. So wie er sollen die Menschen sein. Schon als Junge war er in seinem Vater verwurzelt. Das machte ihn zu dem, der er war. Bei dir ist es genauso: Du wurdest in die Vaterliebe Gottes hinein gepflanzt, damit du ein einzigartiger, ganzheitlicher Mensch sein kannst.

Merk's dir

Jesus sagte: »Ich bin der Weg und die Wahrheit und das Leben; niemand kommt zum Vater als nur durch mich!« *Johannes 14,6*

Deine Reaktion

Vater, ohne dich wäre ich unfertig. Ich könnte mich selbst nicht leiden. Weil ich aber dein Kind bin, weiß ich, wie vollkommen und einzigartig ich bin.

DENK MAL NACH

Wenn Gott will, dass jeder so ist wie Jesus, bekommt man dann keinen Einheitsbrei?

TAG
51 Die Liebe hilft, Unterschiede zu überwinden

Ich bin **EINZIGARTIG**

Lies selbst

1. Mose 2,21–25

Gott hat die Menschen ganz unterschiedlich gemacht. Unterschiedlich in der Herkunft, im Charakter und in ihren Begabungen. Dazu kommt noch der Unterschied zwischen den Geschlechtern – Mann und Frau ergänzen sich aber richtig gut. Vorausgesetzt, dass sie sich mögen und einander akzeptieren.

Gott will, dass wir lernen, gut mit unseren Unterschieden umzugehen. Deshalb hat er die Ehe geschenkt. Dort wirst du diese Unterschiede erfahren und lernen, wie man sich gegenseitig eine Hilfe sein kann.

Der größte Unterschied besteht zwischen Gott und den Menschen. Durch seine Liebe können wir aber eine enge Gemeinschaft mit ihm haben.

Deine Reaktion

Danke, Vater Gott, dass ich ein einzigartiger Junge, ein einzigartiges Mädchen bin. Darüber freue ich mich. Ich bin auch froh über die Unterschiede zwischen mir und anderen. Dadurch kann ich lernen, was Liebe bedeutet.

Merk's dir

Wer seine Frau liebt, der liebt sich selbst.
Epheser 5,28b

SCHON GEWUSST?

Gott schuf Eva nicht als Hilfskraft für Adam. Er schuf Eva, um Adam zu vervollständigen. Männer und Frauen brauchen einander. Sie sind als Einheit aus zwei Teilen gedacht – wie ein 2-Teile-Puzzle.

TAG 52 Vertrau auf Gott, er interessiert sich für dich

Lies selbst

1. Mose 8,1–22

Ich bin **EINZIGARTIG**

Noah war ein einzigartiger Mann. Alle erklärten ihn für verrückt, als er auf dem Trockenen ein Schiff baute. Aber Gott hatte gesprochen und Noah hatte zugehört. Deshalb wurde Noah gerettet. Und deshalb gab Gott ihm und den Menschen nach ihm ein ewiges Versprechen. Ein Versprechen, an das der Regenbogen erinnern soll.

Was war Noahs Geheimnis? Sein Name bedeutet »Ruhe«. Er hatte kein Problem damit, anders als andere zu sein. Er hatte Glaubensruhe. Er vertraute Gott. Deshalb konnte Gott ihm Gnade schenken. Eine Gnade, die auch du empfangen darfst. In aller Ruhe und im Vertrauen.

TIPP

Schau mal ganz genau hin, wenn du einen Regenbogen siehst. Wie viele Farben siehst du? Der Regenbogen zeigt dir, dass Gott die unterschiedlichsten Menschen in ihrer Vielfalt mit Hoffnung, Frieden und Vertrauen segnen will.

Deine Reaktion

Danke, Vater, dass ich dir vertrauen darf. Du hast mich im Blick – unter Milliarden von Menschen! Deine Gnade gilt auch mir. Das gibt mir Ruhe.

Merk's dir

Ich lasse euch ein Geschenk zurück – meinen Frieden. Und der Friede, den ich schenke, ist nicht wie der Friede, den die Welt gibt. Deshalb sorgt euch nicht und habt keine Angst.
Johannes 14,27 NLB

TAG
53 Egal, wie anders du bist, Gott ist für dich

Lies selbst

1. Mose 28,10–22

Ich bin **EINZIGARTIG**

Vielleicht bist du ein Abenteurer und bist gerne unterwegs. So wie Abraham, der ins Gelobte Land zog. Vielleicht bist du gerne zu Hause und bleibst lieber dort, wo du bist. So wie Isaak, der die Ruhe liebte und nicht aus dem Gelobten Land herauskam. Vielleicht bist du egoistisch und musst noch viel lernen. Wie Jakob, der seinen Bruder betrog und vor ihm fliehen musste.

Egal, wie anders und einzigartig du auch bist: Gott hat dich auserwählt. Genau wie die drei Erzväter, so unterschiedlich sie auch waren. Gott liebt dich. Deshalb hat er sich für immer mit dir verbunden. Niemals wird er seinen Plan aufgeben, dich zu segnen.

Deine Reaktion

Gott Abrahams, Isaaks und Jakobs – du bist auch mein Gott! Du weißt am allerbesten, wer ich bin. Danke, dass du dich für mich interessierst.

Merk's dir

Gott selbst hat gesagt: »Ich will dich nicht aufgeben und dich niemals verlassen!« So können wir nun zuversichtlich sagen: »Der Herr ist mein Helfer, und deshalb fürchte ich mich nicht vor dem, was ein Mensch mir antun könnte.« *Hebräer 13,5b–6 NLB*

SCHON GEWUSST?

Gott wird in der Bibel oft als der Gott Abrahams, Isaaks und Jakobs bezeichnet. Es ist, als wollte er sagen: »Ich bin für jeden da. Egal, wie anders du bist, ich bin auch dein Gott.«

TAG
54 Es gibt jemanden, der zu dir passt

Lies selbst

1. Mose 24

Ich bin **EINZIGARTIG**

Gott bringt gerne einzigartige Menschen zusammen. Isaak bringt er eine Frau, Rebekka. In ihrer Gegenwart kann sich Isaaks einzigartige Persönlichkeit noch besser entfalten. Und Rebekkas Persönlichkeit in seiner Gegenwart ebenfalls.

Auch du bist einzigartig. Niemand ist wie du. Das merkst du umso mehr, wenn du mit einer anderen einzigartigen Person Zeit verbringst. Mit einem Freund oder einer Freundin zum Beispiel. Ihr seid zwar beide einzigartig, passt aber vielleicht doch gut zusammen. Ihr könnt euch gut ergänzen. Wenn ihr euch gut versteht, einander vertraut und zusammenbleiben wollt, könnt ihr ans Heiraten denken. Gott will deine Ehe gerne segnen, denk dran.

Deine Reaktion

Danke, Vater, dass du weißt, wer zu mir passt. Ich darf dir meine Zukunft anvertrauen, auch wenn ich mich frage, wen ich einmal heiraten werde.

TIPP

Egal, in wen du dich verliebst: Achte darauf, dass der Andere ein Kind Gottes ist. Das hilft euch, einander zu respektieren.

Merk's dir

»Deshalb wird ein Mann Vater und Mutter verlassen und sich an seine Frau binden und die beiden werden zu einer Einheit.« *Matthäus 19,5 NLB*

TAG
55 Du bist ein besonderes Geschöpf

Lies selbst

Ester 4,1–17

Ich bin **EINZIGARTIG**

Gott hat einen besonderen Plan mit deinem Leben. Deshalb hat er dich auch besonders gemacht. Einen besonderen Körper hat er dir gegeben. Deine Stimme, Handschrift, Fingerabdrücke, die Iris deiner Augen, deine DNS – sie alle sind einzigartig.

Manche Menschen sind besonders hübsch. Wie Ester. Gott nutzte ihre Schönheit. Sie wurde zur Königin auserwählt und konnte somit den König beeinflussen, die Juden zu retten.

Nicht jeder ist wie Ester. Und das ist auch gut so, weil jeder Mensch auf seine ganz eigene Weise wunderschön ist. Du bist etwas Besonderes, niemand ist genau so wie du. Und deshalb hat Gott mir dir einen Plan, der nur zu dir passt. Lass dich also von Schönheitsidealen nicht verrückt machen. Du darfst DU sein – die einzigartige Person, als die du geschaffen wurdest.

Deine Reaktion

Vater, ich danke dir für meinen Körper. Er ist einzigartig und du hast ihn so gewollt. Du wohnst sogar mit deinem Geist darin. So besonders bin ich.

SCHON GEWUSST?

Wo wohnt Gott? Im Himmel, klar. Aber mit seinem Geist wohnt er auf der Erde. Er wohnt in dir, in deinem Körper.

Merk's dir

Oder wisst ihr nicht, dass euer Leib ein Tempel des in euch wohnenden Heiligen Geistes ist, den ihr von Gott empfangen habt, und dass ihr nicht euch selbst gehört? *1. Korinther 6,19*

TAG
56 Jesus ist einzigartig – und du bist es auch

Lies selbst

Johannes 20,1–18

Jesus ist einzigartig. Einzigartig war auch sein Leben hier auf der Erde. Von Geburt an war er Gottes Sohn, ohne Sünde. Niemand sonst ist je ohne Sünde gewesen. Deshalb konnte Jesus alle Sünden der Welt auf sich nehmen. Auch darin war er einzigartig. Aber was ist mit seiner Auferstehung aus dem Tod? Ist er darin auch einzigartig?

Jesus ist einzigartig. Niemand muss den Leidensweg gehen, den er gegangen ist. Trotzdem will Gott, dass wir an seinem besonderen Leben teilhaben. Jesus hat deine und meine Sünden bereits auf sich genommen. Deshalb betrachtet Gott uns nicht mehr als Sünder, sondern als seine Kinder. Für Gott sind wir genauso besonders wie Jesus. Darum dürfen wir am Auferstehungsleben Jesu teilhaben.

DENK MAL NACH

Jesus wird zunächst als eingeborener (einziggeborener) Sohn Gottes bezeichnet. Nach seiner Auferstehung ist aber vom erstgeborenen Sohn Gottes die Rede. Wie ist das möglich?

Deine Reaktion

Jesus, du bist so gut. Ich bewundere dich. Ich liebe dich. Noch mehr, wenn ich daran denke, dass ich dank dir auch so ein Kind von unserem Vater sein darf wie du.

Merk's dir

Denn die er zuvor ersehen hat, die hat er auch vorherbestimmt, dem Ebenbild seines Sohnes gleichgestaltet zu werden, damit er der Erstgeborene sei unter vielen Brüdern.

Römer 8,29

9. Ich bin … begabt

Dadurch wird mein Vater verherrlicht,
dass ihr viel Frucht bringt
und meine Jünger werdet.

Johannes 15,8

TAG
57 Du hast Begabungen bekommen, damit du etwas weitergeben kannst

Lies selbst

Lukas 5,1–11

Ich bin **BEGABT**

Gott hatte Adam die Begabung gegeben, Tiere zu benennen. Und die Erde zu bearbeiten und auf sie aufzupassen. Und Vater zu sein. Er gab Eva die Gabe, Mutter zu sein. Und Abraham die, ein Familienunternehmen zu führen. Mose bekam die Begabung, ein Volk zu befreien. David die, Lieder zu schreiben und Land zu erobern. Salomo bekam die Gabe, eine kluge Politik zu machen. Die Schreiber der Bibel die, Bücher zu schreiben. Und Fischer, Menschen zu fischen. Und welche Gabe hast du bekommen?

Merk's dir

Dadurch wird mein Vater verherrlicht, dass ihr viel Frucht bringt. *Johannes 15,8a*

 Teens-Bibel, Seite 402–403

Begabung bedeutet nicht nur, dass du etwas gut kannst. Sondern auch, dass du es gerne tust und richtig gut machen willst. Wann hast du Lust, etwas wirklich gut zu machen? Wenn du andere Menschen damit glücklich machen kannst.

Deine Reaktion

Danke, Vater, dass ich Fähigkeiten habe, mit denen ich andere froh machen kann. Du gibst mir die Kraft, den Mut und die Lust, das zu tun.

SCHON GEWUSST?

Du hast Gaben bekommen, damit du etwas weitergeben kannst. Die Bibel nennt das »Frucht bringen«. Gott freut sich, wenn du viel Frucht bringst.

TAG
58 Wie entscheidest du dich für das Beste?

Lies selbst
Lukas 10,28–30

Ich bin **BEGABT**

Marta hatte eine ganz besondere Gabe. Sie war gastfreundlich. Sogar eine ganze Schar von Jesus-Jünger konnte sie bestens versorgen. Sie war damit so beschäftigt, dass sie gar keine Zeit für Jesus hatte. Deshalb ärgerte sie sich auch über ihre Schwester Maria. Die hockte nämlich bei Jesus, zu seinen Füßen.

Manchmal bist du vielleicht so mit deiner Begabung beschäftigt, dass du gar nicht an den wichtigsten Ideengeber denkst. Nicht was du tust, ist das Wichtigste, sondern wer du bist. Wenn du voll von der Liebe Jesu zu dir bist, dann bist du für andere ein angenehmer Mensch. Sie werden sich an deinen Gaben freuen. Maria hat die beste Wahl getroffen. Sie hat sich alle Zeit genommen, um bei Jesus zu sein.

Merk's dir
Ich bin ganz still und geborgen, so wie ein Kind bei seiner Mutter.
Ja, wie ein Kind, so ist meine Seele in mir.
Psalm 131,2 NLB

Deine Reaktion

Jesus, du weißt, du bist der Wichtigste für mich. Ich möchte gerne in aller Ruhe mit dir zusammen sein und deine Liebe und Aufmerksamkeit genießen. Zeig mir, wie ich noch mehr von dir empfangen kann.

TIPP

Übe dich im Umgang mit Jesus. Reserviere eine bestimmte Zeit für ihn. Schalte alles aus. Komm zur Ruhe. Sprich dich aus. Und höre zu, während du an ihn denkst. Er wird dich mit seiner Liebe und Kraft füllen.

TAG
59 Du kannst Riesen besiegen

Lies selbst

1. Samuel 17,33–58

Ich bin **BEGABT**

David war besonders begabt. Er konnte so gut kämpfen, dass er sogar Löwen und Bären bezwang. So beschützte er als Hirte seine Herde. Er hatte auch keine Angst, als er einem Riesen gegenüberstand. Er erledigte ihn einfach mit einer Schleuder und einem Stein. Dann konnte sein Volk die übrigen Feinde verjagen.

Was war Davids Geheimnis? Er war zwar begabt, aber in Bezug auf seinen Erfolg vertraute er Gott. Das sprach er auch laut aus. »Ich fordere dich heraus im Namen des Herrn«, sagte er. Das war das Glaubenswort, das David zum Sieg führte.

Deine Reaktion

Herr, wenn ich vor riesigen Problemen stehe, weiß ich, dass ich mich nicht auf meine eigenen Fähigkeiten verlassen muss. Ich sage dir schon jetzt, dass ich dir vertrauen und mutig sein werde. Du bist meine Kraft.

SCHON GEWUSST?

David brachte den abgeschlagenen Kopf von Goliat nach Jerusalem. Viele Jahre später würde Jesus in Jerusalem auf der Schädelstätte sterben. Dort besiegte Jesus alle unsere Feinde.

Merk's dir

Der Gott des Friedens aber wird in Kurzem den Satan unter euren Füßen zermalmen.
Römer 16,20a

TAG
60 Mit deiner Begabung vertiefst du den Kontakt zu Gott

Lies selbst

1. Samuel 16,14–23

Ich bin **BEGABT**

David war ein guter Kämpfer und ein hervorragender Songschreiber. Er konnte singen und sich auf seinem Instrument begleiten. Diese Gabe setzte er ein, um Menschen eine Freude zu bereiten. Vor allem aber wollte David sein Herz vor Gott ausschütten, ihn bewundern und anbeten. David schrieb Abend- und Morgenlieder. Er schrieb Lieder, wenn er traurig war. Wenn er wütend war. Oder wenn er sich freute. Und in all diesen Liedern ging es um Gott.

Es ist schön, wenn du Gott deine Gefühle mitteilst. Nutze deine Begabung im Umgang mit Gott. Egal, ob du singst, spielst, malst, schreibst oder einfach redest: Gott ist immer für dich da, wenn du Zeit mit ihm verbringen willst.

Deine Reaktion

Herr, vor dir brauche ich nichts zu verbergen. Deshalb teile ich dir meine Gedanken und Gefühle auf meine Weise mit.

FRAGE

Das biblische Buch der Psalmen umfasst 150 Lieder. Davon stammen 73 von David. Sein bekanntestes Lied ist Psalm 23 (»Der Herr ist mein Hirte«) und Psalm 139 (»Herr, du erforschst mich und kennst mich«). Welcher dieser beiden Psalmen gefällt dir besser?

Merk's dir

Am Tag wird der HERR seine Gnade entbieten, und in der Nacht wird sein Lied bei mir sein, ein Gebet zu dem Gott meines Lebens. *Psalm 42,9*

TAG
61

Schau, was Jesus aus deinem Wenigen macht

Lies selbst

Johannes 6,1–15

Ich bin **BEGABT**

Ein kleiner Junge hatte sich mit einem Lunchpaket auf den Weg gemacht. Fünf Brote und zwei Fische. Als Jesus sich nach Nahrung erkundigte, gab der Junge ihm sein Paket. Jesus verwandelte es in eine Mahlzeit für Tausende von Menschen. Der Junge traute seinen Augen nicht. Unglaublich, was Jesus aus diesem Wenigen gemacht hat.

Vielleicht findest du dich gar nicht so talentiert. Aber das, was du hast, kannst du Jesus geben. Er sieht darin viel mehr als du. Er wird dankbar sein. Wird es austeilen. Du wirst staunen, wie er andere damit segnet. Mit deinem Wenigen.

Merk's dir
Gebt, so wird euch gegeben werden; ein gutes, vollgedrücktes und gerütteltes und überfließendes Maß wird man in euren Schoß schütten.
Lukas 6,38a

Deine Reaktion

Jesus, ich lege meine Begabungen in deine Hände. Du kannst viel mehr damit tun, als ich es könnte. Danke, dass ich enormen Segen erwarten darf. Und dass es mir an nichts fehlen wird.

TIPP

Glaubst du, dass Jesus dich wertvoll findet? Dann danke ihm immer wieder dafür. Dadurch wird er dein Leben auch für andere wertvoll machen.

TAG
62 Du bist wirklich weise

Lies selbst

1. Könige 3,3–15; Sprüche 8

Ich bin **BEGABT**

Salomo war besonders begabt. Er war nämlich sehr weise. Und wenn man weise ist, kann man gute Entscheidungen treffen. Entscheidungen, die gut für einen selbst und für andere sind. Deshalb konnte Salomo ein guter König sein, auch wenn er noch jung war.

Denk nicht, dass du nie weise werden kannst. Du kannst Gott um Weisheit bitten. Das hat auch Salomo getan. Gott hat dir seinen Geist gegeben. Der wohnt mit seiner Weisheit in dir. Erlaube ihm, dir zu sagen, wie er über dich denkt. Und wie er über andere denkt. Und über die Dinge, mit denen du zu tun hast. Der Heilige Geist hilft dir, gute Entscheidungen zu treffen, damit du erfolgreich sein wirst.

Deine Reaktion

Danke, Herr, dass du mir Weisheit gegeben hast. Bitte hilf mir, gut damit umzugehen. Dann werde ich erfolgreich sein.

SCHON GEWUSST?

Weisheit beginnt mit Respekt vor Gott. Damit, dass du ihn bewunderst und anbetest. Dass du dich auf ihn verlässt. Und dass du von allem Gebrauch machst, was Jesus für dich getan hat.

Merk's dir

Die Ehrfurcht vor dem Herrn ist der Anfang der Weisheit. Gott, den Heiligen, zu erkennen führt zur Einsicht. Die Weisheit wird deine Tage vermehren und deinem Leben Jahre hinzufügen.
Sprüche 9,10–11 NLB

TAG
63 Ehre Gott mit deinen Gaben

Lies selbst

Daniel 3,1–30

Ich bin **BEGABT**

Daniel und seine Freunde hatten Führungstalent. Deshalb saßen sie auch in der Regierung des Landes, in das sie verbannt worden waren. Sie wussten, dass sie ihre Begabungen von Gott bekommen hatten. Gott war die Nummer eins in ihrem Leben. Deshalb wollten sie ihre Begabungen auch nicht für andere Götter einsetzen. Auch nicht, als der König verlangte, man solle ihn anbetete.

Setzt du deine Begabungen ein, um anderen Gutes zu tun und Gott zu ehren? Bleib dabei, auch wenn Menschen etwas anderes von dir verlangen. Ist doch egal, was andere von dir denken, solange du weißt, dass Gott hinter dir steht. Du wirst dich nie verschlechtern, wenn du Gott den Vorrang gibst.

Deine Reaktion

Lieber Vater, danke, dass ich mit meinen Begabungen anderen eine Freude bereiten darf. Und zwar vor allem dir. Ich will dich gerne mit meinen Begabungen ehren.

PRÜFE

Wie gehst du mit deinen Begabungen richtig um? Prüfe,

1. ob du dich darüber freust,
2. ob du damit zufrieden bist,
3. ob sie mit Jesus und seinem Handeln zusammenpassen.

Merk's dir

Aber trotz all dem tragen wir einen überwältigenden Sieg davon durch Christus, der uns geliebt hat. *Römer 8,37 NLB*

10. Ich bin … Geist, Seele und Körper

Er selbst aber, der Gott des Friedens, heilige euch durch und durch, und euer ganzes [Wesen], der Geist, die Seele und der Leib, möge untadelig bewahrt werden bei der Wiederkunft unseres Herrn Jesus Christus!

1. Thessalonicher 5,23

TAG 64

Gott wohnt mit seinem Geist in dir

Lies selbst

2. Mose 40

Die Stiftshütte (und später der Tempel) bestand aus drei Teilen: dem Vorhof, dem Heiligen und dem Allerheiligsten. Der Vorhof war der Platz um das Zelt, den jeder betreten durfte. Das Heilige war der Ort, an dem die Priester ihren Dienst verrichteten. Ganz hinten im Zelt befand sich das Allerheiligste. Dort wohnte Gott.

Gott wollte aber nicht in einem Zelt oder Haus wohnen. Er will in den Menschen wohnen. Du bist sein wirklicher Tempel. Der besteht auch aus drei Teilen: Der äußere Teil ist der Körper, in dem du lebst. Die Seele ist der Teil, mit dem du fühlst und verstehst. Dein Geist ist das unsichtbare Wesen in dir, das sich mit Gottes Geist verbindet.

Deine Reaktion

Vater, danke, dass du mit deinem Geist in mir wohnst. Danke auch, dass du mich ganz, mit Geist, Seele und Körper, für dich bewahrst.

TIPP

Zeichne drei Kreise ineinander. Beschrifte den innersten mit »Geist«, den mittleren mit »Seele« und den äußeren mit »Körper«. Dann zeichne noch einen weiteren Kreis drum herum. Diesen beschrifte mit »Gott«. Er wird dich ganz behüten.

Teens-Bibel, Seite 174–175 und 298–299

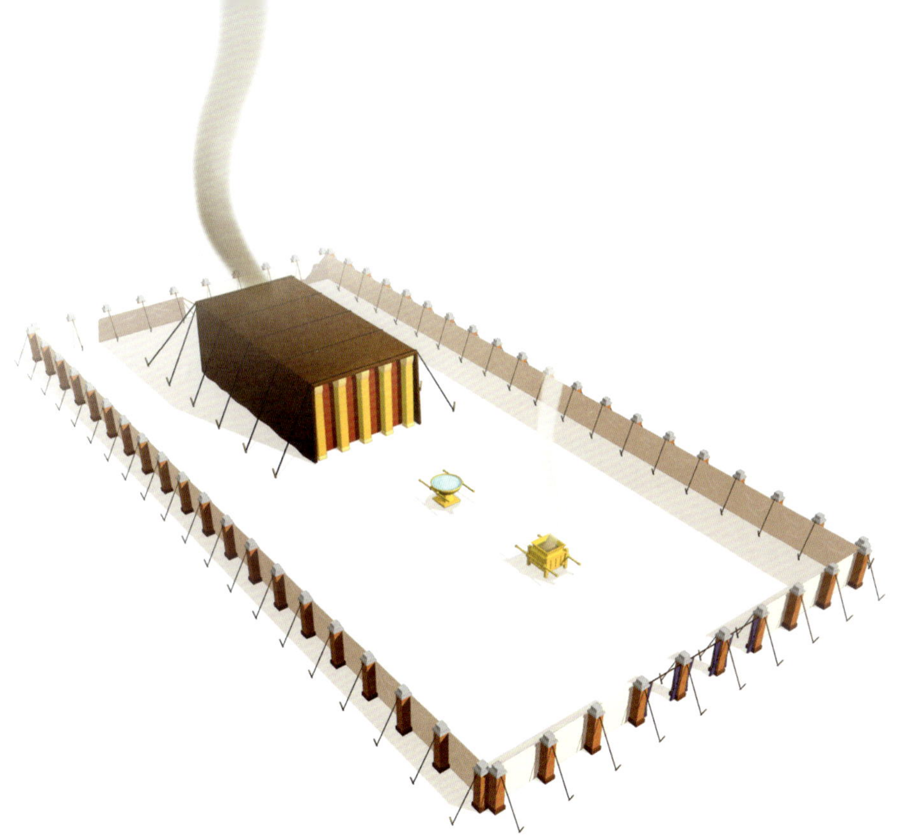

Merk's dir

Er selbst aber, der Gott des Friedens, heilige euch durch und durch, und euer ganzes [Wesen], der Geist, die Seele und der Leib, möge untadelig bewahrt werden bei der Wiederkunft unseres Herrn Jesus Christus! *1. Thessalonicher 5,23*

TAG 65 Dein Geist und Gottes Geist sind eins

Lies selbst

Apostelgeschichte 1,15–26

Du bist eine wunderbare Einheit. Eine Einheit mit drei unterschiedlichen Bereichen. Du bist Geist, Seele und Körper.

1. Dein Geist ist dein Inneres, das Gott lebendig gemacht hat. Dein Geist hat daher ständig Kontakt zu Gottes Geist.
2. Deine Seele umfasst deinen Verstand, deine Gefühle und deinen Willen. Gottes Geist möchte die Leitung darüber haben.
3. Dein Körper ist die Hülle, mit der du hier auf der Erde funktionierst. In ihr wohnt Gottes Geist.

Der Geist Gottes in dir sagt dir, dass du Gottes Kind bist. Deine Seele (Gefühl, Verstand und Wille) muss darauf hören. Dein Körper auch.

Deine Reaktion

Danke, Herr, dass du mir deinen Geist gegeben hast. Er darf der Chef sein über meinen Geist, meine Seele und meinen Körper.

FRAGE

Fühlst du dich manchmal mies? Verstehst du manchmal etwas nicht? Möchtest du hin und wieder dumme Dinge tun? Deine Seele ist nicht der Chef. Gottes Geist ist der Chef. Lass ihn das Sagen haben. Er sagt dir, dass du Gottes geliebtes Kind bist!

Merk's dir

Der Geist selbst gibt Zeugnis zusammen mit unserem Geist, dass wir Gottes Kinder sind. *Römer 8,16*

TAG 66 Wie du standhaft bleiben kannst

Lies selbst

Matthäus 4,1–11

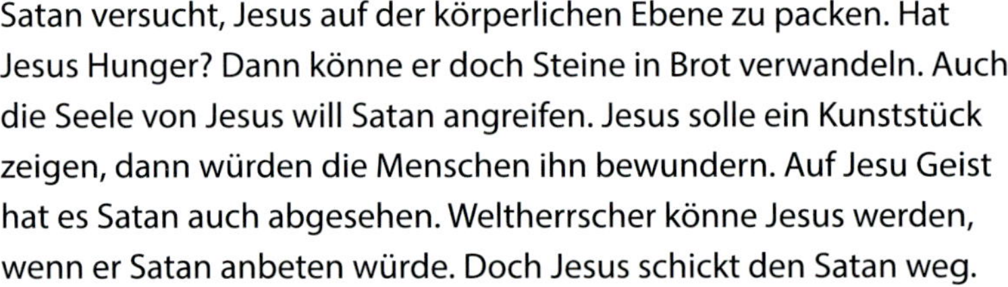

Satan versucht, Jesus auf der körperlichen Ebene zu packen. Hat Jesus Hunger? Dann könne er doch Steine in Brot verwandeln. Auch die Seele von Jesus will Satan angreifen. Jesus solle ein Kunststück zeigen, dann würden die Menschen ihn bewundern. Auf Jesu Geist hat es Satan auch abgesehen. Weltherrscher könne Jesus werden, wenn er Satan anbeten würde. Doch Jesus schickt den Satan weg.

Satan hatte versucht, Jesus daran zweifeln zu lassen, dass er wirklich Gottes Sohn ist. Aber Jesus weiß, dass er sogar Gottes *geliebter* Sohn ist! Er hält sich an das Wort Gottes, als er versucht wird. Er bleibt standhaft, weil er stark ist. Stark in der Kraft von Gottes Geist.

Weißt auch du, wie sehr du geliebt bist? Dann wirst du genauso standhaft bleiben!

Deine Reaktion

Herr, manchmal habe ich es schwer. Aber dein Wort ist immer besser, stärker und vertrauenswürdiger als alles andere. Und dein Geist hilft mir.

TIPP

Sprich aus, was du glaubst: »Ich bin Gottes geliebtes Kind!« Das hilft dir, in schwierigen Momenten standhaft zu bleiben.

Merk's dir

Gott aber ist treu; er wird nicht zulassen, dass ihr über euer Vermögen versucht werdet, sondern er wird zugleich mit der Versuchung auch den Ausgang schaffen, sodass ihr sie ertragen könnt. *1. Korinther 10,13b*

TAG
67 Jesus bringt Ruhe in deine Gedanken und Gefühle

Lies selbst

Lukas 4,31–41

Manchmal können Menschen ganz schön verwirrt sein. Ihr Denken stimmt dann nicht mit dem Willen Gottes überein. Einige sind tief in Lügen gefangen. Andere kommen mit ihren Gefühlen nicht klar. Sie sind depressiv, wütend oder unruhig. Aber Jesus will sie aus allen Lügen und jeder Verwirrung befreien. Sein Wort ist nämlich stärker.

Jesus bringt deine Seele, also deine Gedanken und Gefühle, völlig in Ordnung. Was er sagt, stimmt. Seine Worte beruhigen dich. Du brauchst nicht verwirrt zu sein oder dich gehetzt zu fühlen. Die Wahrheit ist: Du bist gewollt, geliebt und gesegnet!

Deine Reaktion

Danke Herr, dass du willst, dass es mir gut geht. Auch in dem, was ich denke und fühle. Du schenkst mir Ruhe, Sicherheit, Freude und Freiheit.

DENK MAL NACH

Welche Wahrheit macht dich frei?

Merk's dir

Wenn ihr in meinem Wort bleibt, so seid ihr wahrhaftig meine Jünger, und ihr werdet die Wahrheit erkennen, und die Wahrheit wird euch frei machen! *Johannes 8,31b–32*

TAG
68
Auch dein Körper ist Gott wichtig

Lies selbst

Apostelgeschichte 3,1–16

Gott sieht uns als ganzheitliche Menschen. Deshalb fühlt er auch mit uns. Er fühlt mit unserem Geist, unserer Seele und unserem Körper. Ihn interessiert nicht nur, was du denkst, fühlst oder willst, sondern auch, wer du in deinem Körper bist.

Jesus hat bewiesen, wie wichtig unser Körper für Gott ist: Ständig hat er Menschen geheilt. Alle staunten. Seine Jünger haben diese Heilungen fortgeführt. Schließlich hat Gott sich ja nicht verändert und wirkt immer noch durch seinen Geist. Auch durch Heilung. Jesus ist und bleibt derselbe. Darum darfst du Heilung erwarten.

TIPP

Glauben heißt vertrauen. Vertrauen, dass etwas, was du noch nicht siehst, bereits am Kreuz passiert ist. So kannst du auch an Heilung glauben.

Merk's dir

Er hat unsere Sünden selbst an seinem Leib getragen auf dem Holz, damit wir, den Sünden gestorben, der Gerechtigkeit leben mögen; durch seine Wunden seid ihr heil geworden. *1. Petrus 2,24*

Deine Reaktion

Danke, Jesus, dass du die Menschen so sehr liebst, dass du uns in allem guttust. Du denkst auch an meinen Körper. Ich will gut auf ihn aufpassen und immer an deine Heilungskraft glauben.

TAG
69 Brot und Wein stärken dich ganz

Lies selbst

Lukas 24,13–33

Die Freunde aus Emmaus mussten umdenken. Sie entdeckten, dass der ganze Plan Gottes auf Jesus hindeutete. Als Jesus das Brot mit ihnen teilte, verstanden sie es plötzlich. Beim Essen konnte die Botschaft zu ihnen durchdringen. Auf einmal waren sie ganz begeistert: Jesus war für sie da!

Jesus hat dir etwas ganz Besonderes gegeben. Etwas, das den Glauben stärkt. Den Glauben, dass Jesus deinem Geist, deiner Seele und deinem Körper guttut. Er gibt dir Brot und Wein. Sie machen dich eins mit ihm. Wenn du das Brot isst, ist es, als würdest du seinen Körper, seine Heilung zu dir nehmen. Wenn du den Wein trinkst, ist es, als würdest du von seinem Blut, seiner Vergebung, trinken. Das erinnert dich an deine Gerechtigkeit. Wenn du in diesem Glauben das Abendmahl feierst, werden dein Körper und dein Geist gestärkt.

Merk's dir

Wenn wir am Tisch des Herrn den Kelch segnen, haben wir dann nicht gemeinsam Anteil am Segen des Blutes Christi? Und wenn wir das Brot brechen, haben wir dann nicht gemeinsam Anteil am Segen des Leibes Christi? *1. Korinther 10,16 NLB*

Deine Reaktion

Danke, Jesus, dass du mir so ein einfaches Hilfsmittel gegeben hast, um meinen Glauben zu stärken. Danke für Brot und Wein.

SCHON GEWUSST?

In der Kirche in Korinth schlossen einige Menschen andere vom Abendmahl aus. Sie missbrauchten das Abendmahl dazu, über andere zu urteilten und sie als unwürdig zu bezeichnen. Paulus schreibt, dass Menschen deswegen krank blieben und vorzeitig starben.

TIPP

Nimm Traubensaft anstelle von Wein!

TAG
70 Du bekommst einen neuen Körper

Lies selbst

1. Korinther 15,45–58

Gott wohnt mit seinem Geist in deinem Körper. Das ist aber noch ein irdischer Körper. Er altert. Wird irgendwann sterben. Die Bibel nennt den Tod den letzten Feind. Jesus ist als Erster aus dem Tod in einem neuen Körper auferstanden. Auch du wirst in einem neuen Körper aus dem Tod auferstehen.

Teens-Bibel, Seite 510–511

Wenn du an Jesus glaubst, ist dein Geist schon jetzt neu geboren. Er beeinflusst deine Seele: deine Gedanken, Gefühle und deinen Willen. Dein Körper wird auch neu geboren werden. Wenn Jesus zurückkommt und alles neu macht. Dann wird auch dein Körper eine himmlische Qualität bekommen und für immer so bleiben. Ganz vollkommen wirst du sein. Du wirst mehr du selbst sein als je zuvor.

Deine Reaktion

Lieber Jesus, wie großartig, dass du aus dem Tod auferstanden bist und schon jetzt in deinem neuen Körper lebst. Danke, dass du mir auch irgendwann so einen neuen Körper schenkst. Bis dahin bin ich dir für meinen jetzigen Körper dankbar. Und ich darf dich auch schon so, wie ich jetzt bin, lieb haben.

DENK MAL NACH

Manche Menschen werden hier auf der Erde nicht sterben. Das sind alle diejenigen, die an Jesus glauben und noch leben, wenn er wiederkommt. Sie werden gleich in sein Ebenbild verwandelt werden.

Merk's dir

Und das ist die Verheißung, die er uns verheißen hat: das ewige Leben. *1. Johannes 2,25*

11. Ich bin … gut genug

Da wir nun aus Glauben gerechtfertigt sind,
so haben wir Frieden mit Gott
durch unseren Herrn Jesus Christus.

Römer 5,1

TAG
71
Gott hat alles gut gemacht

Lies selbst

1. Mose 2,16–17; 3,1–11

Gott wollte mit uns Menschen zusammen sein. Was ist dann aber schiefgelaufen? Gott hatte gesagt, dass der Mensch gut sei. Sehr gut sogar. Er wollte nicht, dass der Mensch anfängt, sich oder andere zu verurteilen. Deshalb verbot er Adam, vom Baum der Erkenntnis von Gut und Böse zu essen. Aber Adam hörte nicht auf ihn und aß doch. Sofort kamen ihm Zweifel – war er wirklich so gut, wie Gott sagte? Meinte Gott es gut mit ihm? War er jetzt böse auf Adam? Adam bekam Angst und versteckte sich.

Gott machte das traurig – dass Adam nicht auf ihn gehört hatte, dass er sich vor ihm versteckte und dass jetzt plötzlich Sünde zwischen ihnen stand. Aber Gott wollte immer noch mit den Menschen zusammen sein, deshalb schickte er Jesus, der alles wieder gutmachen sollte. Und das tat er auch. Jesus hat dafür gesorgt, dass du keine Angst haben und dich nicht vor Gott verstecken musst. Du darfst glauben, dass du gut bist in Gottes Augen. Sehr gut sogar!

 Teens-Bibel, Seite 24–25, 28–29

Deine Reaktion

Lieber Vater, danke, dass du Jesus geschickt hast. Danke, dass er mich rein und gerecht gemacht hat. Er hat alles wieder gutgemacht, und deshalb ist auch zwischen dir und mir alles gut.

Merk's dir

Denn alle Menschen haben gesündigt und das Leben in der Herrlichkeit Gottes verloren. Doch Gott erklärt uns aus Gnade für gerecht. Es ist sein Geschenk an uns durch Jesus Christus, der uns von unserer Schuld befreit hat. *Römer 3,23–24 NLB*

FRAGE

Gott sucht heute deine Nähe. Er liebt dich. Wirst du zu ihm laufen?

TAG
72 Von welchem Baum isst du?

Lies selbst

1. Mose 4,1–16

Ich bin **GUT GENUG**

Adam und Eva aßen von dem Baum der Erkenntnis von Gut und Böse. Sie erkannten Böses in sich und Böses am Anderen. Dabei hatte Gott gesagt, dass alles gut war. Von nun an schämten sie sich. Versteckten sich. Und beschuldigten sich gegenseitig. Gott kam aber trotzdem wieder zu ihnen.

Auch Kain teilte beim Denken alles in Gut oder Böse ein. Er war eifersüchtig auf seinen jüngeren Bruder Abel. Deshalb erschlug er ihn. Er musste fliehen, hatte Angst vor Rache. Dennoch beschützte ihn Gott.

Gott will, dass du weißt, dass zwischen ihm und dir alles in Ordnung ist. Er will auch, dass zwischen dir und anderen alles in Ordnung ist. Jeder ist gut genug. Gott will, dass du vom Baum des Lebens isst. Von dem Leben, das Jesus dir schenkt.

Merk's dir

Wie mich der lebendige Vater gesandt hat und ich um des Vaters willen lebe, so wird auch der, welcher mich isst, um meinetwillen leben. *Johannes 6,57*

Deine Reaktion

Vater, danke, dass du treu bist. Ich will gerne deine Güte genießen. Danke, dass ich in dem Frieden leben darf, den Jesus schenkt.

SCHON GEWUSST?

Das Holzkreuz, an dem Jesus starb, kann man auch als Baum der Erkenntnis von Gut und Böse bezeichnen. Jesus war durch und durch gut, nahm aber das Böse auf sich. Als er aus dem Tod auferstand, wurde er zum Baum des Lebens. Wir dürfen uns daran freuen.

TAG 73

Gott hat versorgt

Lies selbst

1. Mose 22,9–19

Abraham bekam von Gott auf dem Berg Moria ein Opferlamm. Der Berg spielt eine große Rolle. Jahre später plant David, auf diesem Berg einen Tempel zu bauen. Menschen bringen Gott dort jahrhundertelang Opfer. Mit diesen Opfern wollen sie zwischen sich und Gott Ordnung schaffen. Auch in der Zeit von Jesus ist das noch so. Auch er besucht als Kind den Tempel. Später wird er alles verändern. Er wird selbst zum Opferlamm werden, das Gott den Menschen schenkt, und wird damit alles in Ordnung bringen.

Abraham sagte bereits, dass Gott auf dem Berg Moria für alles sorgen würde. Und das hat der Herr getan. Gott selbst hat alles mit uns in Ordnung gebracht. Deshalb müssen wir keine Opfer mehr bringen. Er selbst versorgt uns mit allem.

Merk's dir

Mein Gott aber wird allen euren Mangel ausfüllen nach seinem Reichtum in Herrlichkeit in Christus Jesus. *Philipper 4,19*

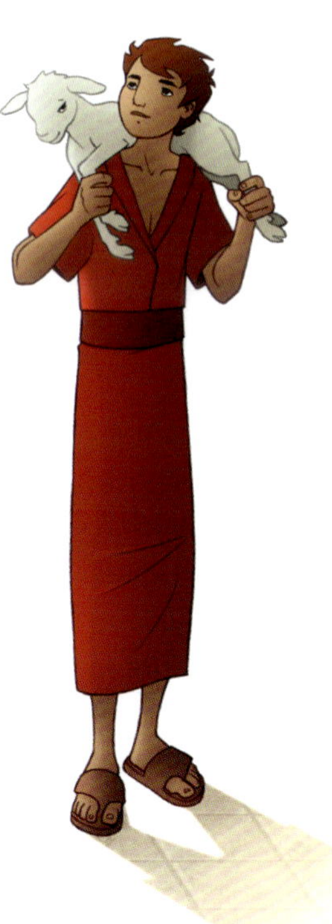

Deine Reaktion

Danke, Vater, dass du mich mit allem versorgst, was ich brauche. Ich weiß das, weil du Jesus als Opferlamm gegeben hast. Er hat alles für mich in Ordnung gebracht.

TIPP

Auf dem Berg Moria wurde der Tempel gebaut. Um ihn herum lag die Stadt Jerusalem. Der Tempel wurde eine Generation nach Jesus zerstört. Er ist auch nicht mehr nötig. Den Berg gibt es aber noch. Wenn du mal nach Jerusalem kommst, kannst du hinaufgehen und sagen: »Ja, Gott hat versorgt.«

TAG 74 Du bist gesegnet, und zwar immer

Lies selbst

1. Mose 32,23–33

Ich bin **GUT GENUG**

Abraham war reich. Isaak war reicher. Und Jakob war noch reicher. Gott segnete sie. Trotzdem vertraute Abraham Gott nicht immer. Isaak auch nicht. Und Jakob noch weniger. Jakob betrog sogar seinen Vater und seinen Bruder. Deshalb musste er fliehen. Das war aber für Gott kein Grund, seinen Plan mit den Erzvätern aufzugeben. Er machte einfach weiter mit ihnen. Er segnete sie nämlich nicht, weil sie so gut waren, sondern weil er sie auserwählt hatte.

Gott hat auch dich auserwählt. Nicht durch dein gutes Benehmen bekommst du den Segen Gottes, sondern wegen seiner Gnade. Du bist auch kein Gerechter, nur weil du immer supergerecht handelst. Nein, du bist gerecht, weil Gott das von dir sagt.

Deine Reaktion

Danke, lieber Vater, dass du mich immer um dich haben willst. Auch dann, wenn ich was falsch mache. Du sagst, ich bin gerecht.

FRAGE

Glaubst du, dass Gott dich liebt und immer liebhaben wird, auch wenn du ab und zu dumme Sachen machst? Glaubst du, dass du in Jesus gerechtfertigt bist? Ja? Dann hast du seine Gnade verstanden.

Merk's dir

Denn der Gerechte fällt siebenmal und steht wieder auf. *Sprüche 24,16a*

TAG
75 Du bist also wirklich gut genug

Lies selbst

Apostelgeschichte 10,1–48

Ich bin **GUT GENUG**

Wer sagt, dass du dumm bist? Wer raubt dir deine Freude? Warum bist du verärgert? Warum hast du Angst? Da sitzt ein kleines dreckiges Biest auf deiner Schulter, das dir Lügen einflüstern will. Schmeiß es runter! Du bist nämlich gut genug! Das sagt Gott über dich. Er ist die wichtigste Stimme im ganzen Universum, also auch in deinem Ohr.

Schreib es auf dein Herz: Ich bin gut genug! Du darfst da sein! Du bist wichtig! Auch wenn dir keiner zuhört – Jesus hört dir zu. Am Kreuz nahm er alle deine Sünden auf sich. Du bist nicht mehr schuld! Als Jesus rief »Es ist vollbracht!«, meinte er, dass mit dir jetzt alles gut ist. Du brauchst nie mehr zu zweifeln: Gottes Liebe gilt auch dir!

Merk's dir

Doch mir hat Gott gezeigt, dass ich keinen Menschen gemein oder unrein nennen soll.

Apostelgeschichte 10,28b

Deine Reaktion

Herr, ich höre dir so lange zu, bis tief in meinem Herzen geschrieben steht: Ich bin gut genug!

DENK MAL NACH

Petrus bekam die seltsamsten Tiere zu sehen. Er musste lernen, dass Gott keines von ihnen abgelehnt hat. Und schon gar keinen Menschen. Du und ich, wir sind gut genug!

TAG
76 Gott gönnt dir allen Segen

Lies selbst

1. Mose 39,1–23

Ich bin **GUT GENUG**

Meinst du, du musst dein Bestes geben, um ein guter Mensch zu sein und in Bezug auf dich selbst ein gutes Gefühl zu haben? Das wirst du nicht schaffen. Enttäuscht wirst du werden. Du kannst die Erwartungen nie ganz erfüllen. Du bist nie gut genug. Wenn du aber deine eigenen Anstrengungen aufgibst und stattdessen auf Gott hörst, verändert sich alles. Jesus übertrifft alle Erwartungen: Du bist schon jetzt gut genug.

Josef wusste, dass er ein geliebtes Kind seines Vaters war. Sogar als Gefangener wusste er das. Er passte auf sein Herz auf. Er ließ keinen Zweifel zu. Deshalb konnte er Gottes Segen immer und überall empfangen.

Deine Reaktion

Lieber Vater, ich bin so dankbar, dass du mich liebst und dass du mir gerne so viel Gnade schenkst. Gerne empfange ich deine ganze Gunst.

Merk's dir

Ich freue mich sehr in dem HERRN, und meine Seele ist fröhlich in meinem Gott; denn er hat mir Kleider des Heils angezogen, mit dem Mantel der Gerechtigkeit mich bekleidet. *Jesaja 61,10a*

SCHON GEWUSST?

Josef bekam von seinem Vater einen Mantel. Weil dieser ihn so lieb hatte. Gott gibt uns den Mantel der Gerechtigkeit. Den Mantel der Annahme. Niemand kann dir diesen Mantel wegreißen. In diesem Mantel lernst du, so zu leben, wie Gott dich sieht. Du darfst aber auch Fehler machen. Weil du so geliebt bist.

TAG
77 Gottes Güte genießen

Lies selbst

Matthäus 12,1–15

Ich bin GUT GENUG

Wann bist du gut genug:
1. Wenn du genug betest?
2. Wenn du genug in der Bibel liest?
3. Wenn du genug liebst?

Nein, nein und nochmals nein! Du bist gut genug, weil dein himmlischer Vater, der dich liebt, es sagt. Und nicht anders. Gott zwingt dir nichts auf. Du bist ganz frei. Du kannst ihn ohne Angst lieb haben. Deshalb ist es schön, zu beten, in der Bibel zu lesen und ihn und andere lieb zu haben. Weil Gott so gut ist.

 Teens-Bibel, Seite 410–411

Merk's dir
Da wir nun aus Glauben gerechtfertigt sind, so haben wir Frieden mit Gott durch unseren Herrn Jesus Christus.
Römer 5,1

Wenn du weißt, dass du gerecht gemacht bist, dann hast du Frieden mit Gott. Dann kommst du zu ihm nach Hause. Wie du das weißt? Du hast Ja zu ihm gesagt. Deshalb. Du bist gläubig geworden. Gläubig an Jesus.

Deine Reaktion

Danke für deine dicke Vaterumarmung. So weiß ich, wie sehr du mich liebst. Ich liebe dich auch.

FRAGE

Kann Jesus auch böse sein? Ja, er ist böse, und zwar auf jeden, der Menschen das Gesetz auferlegt. Warum? Weil das Gesetz immer behauptet, du seist nicht gut genug. Aber du bist gut genug. Dank Jesus.

12. Ich bin … wie Jesus

Denn gleichwie Er ist,
so sind auch wir in dieser Welt.

1. Johannes 4,17b

TAG
78 Du bist so gerecht wie Jesus

Lies selbst

Römer 5,1–17; 6,3–4

Ich bin **WIE JESUS**

Zunächst waren alle Menschen Sünder, weil sie von Adam abstammten. Aber du bist Gottes geliebtes Kind geworden, weil du von Neuem geboren bist und jetzt zum Stammbaum von Jesus gehörst. Gott kennt dich nicht mehr als Sünder. Er hat dich in Jesus hineingepflanzt. In seinen Augen bist du wie Jesus. Glaub das!

Du bist genauso geliebt wie Jesus.
Du bist genauso gerecht wie Jesus.
Du bist genauso frei wie Jesus.
Du bist genauso heilig wie Jesus.
Du bist genauso klug wie Jesus.
Du bist genauso stark wie Jesus.
Du bist so voller Gnade wie Jesus.

Merk's dir

Denn gleichwie Er ist, so sind auch wir in dieser Welt.
1. Johannes 4,17b

Teens-Bibel, Seite 556–557, 570–571

SCHON GEWUSST?

Die Taufe ist ein Symbol für deine Wiedergeburt. Du lässt im Wasser dein altes Adamsleben hinter dir. In deinem neuen Jesusleben stehst du auf. Gott sieht dich wie Jesus. So darfst auch du dich sehen.

Deine Reaktion

Allerliebster Vater, danke, dass ich in deinen Augen wie Jesus bin. Danke, dass du mich lehrst, mich selbst auch so zu sehen und darin stark zu werden.

TAG
79 Schau Jesus an und du weißt, wie du sein darfst

Lies selbst

Matthäus 14,22–33

Ich bin **WIE JESUS**

Als Petrus auf dem Wasser geht, ist er wie Jesus. Warum? Weil er in dem Moment auf Jesus schaut. Sobald er aber den Wind spürt und auf die Wellen blickt, ist er nicht mehr wie Jesus. Er droht unterzugehen.

Schau auf Jesus, dann wirst du ihm ähnlich. Das ist das Geheimnis. Wenn du ihn siehst, schenkt er dir den Glauben, dass du wie er sein darfst. Den Glauben, dass er dich liebt und das Beste mit dir vorhat. Das Beste, was Jesus dir schenken kann, ist er selbst. Und das tut er. Glaubst du das? Dann glaubst du, dass du sein darfst wie er. Dann wirst du ihm tatsächlich immer ähnlicher werden. Schau also weiter auf ihn!

Deine Reaktion

Lieber Herr Jesus, ich weiß, dass ich nicht auf mich schauen darf. Auch nicht auf die Umstände. Wenn ich auf dich schaue, weiß ich, wie gut es mir geht. Ich darf so sein wie Du!

FRAGE

Wie kannst du wie Jesus leben?

Merk's dir

»Der Gerechte wird aus Glauben leben«.

Römer 1,17b

TAG
80 Brot und Wein machen dich eins mit Jesus

Lies selbst

Johannes 6,47–58; Matthäus 26,26–28

Ich bin **WIE JESUS**

Manchmal merkst du gar nicht, dass du wie Jesus sein darfst. Zum besseren Verständnis hat Jesus uns zwei Hilfsmittel gegeben: Brot und Wein. Sie stärken deinen Glauben.

Das Brot stellt den Körper von Jesus dar. Er hat deine Krankheit getragen und deine Schmerzen auf sich geladen, damit du in Jesus in göttlicher Gesundheit leben kannst.

Der Wein ist das Blut von Jesus. In diesem Blut ist Leben. Das Blut von Jesus hat dich von allen Sünden gereinigt. Deshalb fließt jetzt das Leben von Jesus durch dich hindurch.

TIPP

Nimm Traubensaft anstelle von Wein!

Merk's dir

Wer mein Fleisch isst und mein Blut trinkt, der bleibt in mir und ich in ihm. *Johannes 6,56*

 Teens-Bibel, Seite 444–445, 484–485

Deine Reaktion

Herr, du hast mir ein wunderbares Hilfsmittel gegeben, damit ich weiß, dass ich eins bin mit dir. So wie mein Körper Brot und Traubensaft aufnimmt, so bist du in mir.

SCHON GEWUSST?

Die ersten Christen kannten die Kraft aus Brot und Wein. Sie haben sie jeden Tag zu Hause eingesetzt. So feierten sie ihre Einheit mit Jesus und untereinander.

TAG
81 Das sieht Jesus ähnlich

Lies selbst

1. Mose 41,38; 45,1–24

Wenn Menschen vom Geist Gottes erfüllt sind, ähneln sie Jesus. Schon im Alten Testament gab es Menschen, auf denen der Geist Gottes war. Josef war so ein Mensch. Ob im Brunnen, als Sklave oder als Gefangener: Er wusste immer, dass Gottes Gunst auf ihm war. Deshalb konnte Gott ihn segnen. Mit diesem Segen konnte Josef andere segnen. Während der Hungersnot verteilte er Lebensmittel an alle. Und auch Gottes Plan mit Josefs Familie konnte weitergehen.

Josef war Jesus ähnlich. Gott hatte ihm Träume geschenkt. Josef sollte Menschen retten. Das war seine Bestimmung. Gott half Josef, in Schwierigkeiten nicht bitter zu werden. Er segnete Josefs Begabungen, sodass dieser erfolgreich sein konnte. Das Geheimnis von Josef war, dass der Geist Gottes auf ihm war.

Teens-Bibel, Seite 118–123, 130–131

Deine Reaktion

Vater, ich glaube, dass du auch mich erfolgreich machen wirst. Dein Geist wird mich leiten. Danke für deinen Schutz, deinen Trost und deine Kraft. Ich will dir ähnlich sein!

FRAGE

Josef war der Liebling seines Vaters. Glaubst du, dass du der Liebling Gottes, deines Vaters, bist?

Merk's dir

Darüber hinaus haben wir durch Christus ein göttliches Erbe empfangen, denn Gott hat uns von Anfang an erwählt, wie er es mit seinem Willen beschlossen hatte. Wir, die wir als Erste auf Christus gehofft haben, sollen mit unserem Leben Gottes Herrlichkeit loben. *Epheser 1,11–12 NLB*

TAG 82

Keine Verurteilung

Lies selbst

Johannes 8,1–11

Ich bin **WIE JESUS**

Jesus spricht eine Frau frei. Als sie beschuldigt wird, sagt er: »Ich verurteile dich nicht.« Jesus verurteilt niemanden. Er selbst nimmt alle Schuld auf sich. Du brauchst deshalb keine Angst davor zu haben, wie andere über dich urteilen. Und selbst brauchst du auch niemanden zu verurteilen. Auch dich nicht.

Wenn man urteilt, glaubt man zu wissen, warum der andere etwas falsch macht. Und nimmt ihm das auch übel. Jesus befreit dich davon. Dann kannst du die andere Person annehmen, so wie Jesus sie annimmt. Du brauchst dir auch keine Selbstvorwürfe mehr zu machen. Du kannst dich selbst lieben, so wie Jesus dich liebt.

Deine Reaktion

Danke, Jesus, dass mich niemand mehr richten darf.
Du hast dich für mich eingesetzt. Mich freigesprochen.
Ich muss keine Angst haben, verurteilt zu werden.

TIPP

Du brauchst keine Angst zu haben, wenn mal etwas schiefgegangen ist. Gott hat dich noch genauso lieb. Du darfst das in Ordnung bringen. Gott hält zu dir.

 Teens-Bibel, Seite 456–457

Merk's dir

Denn Gott hat seinen Sohn nicht in die Welt gesandt, damit er die Welt richte, sondern damit die Welt durch ihn gerettet werde. Wer an ihn glaubt, wird nicht gerichtet.
Johannes 3,17–18a

TAG 83 Mit gleicher Liebe

Lies selbst

Johannes 21,1–17

Ich bin **WIE JESUS**

Jesus ist der gute Hirte. Auch Petrus darf so ein Hirte sein. Das hat Jesus gesagt, bevor er wegging. Dabei hatte Petrus ihn noch kurz zuvor verraten. Aber Jesus hat Petrus nicht fallengelassen. Das weiß Petrus. Als Jesus fragt, ob Petrus ihn noch lieb hat, antwortet dieser mit Ja. Jesus erwidert, dass Petrus das Gleiche tun darf wie er, nämlich für seine Schafe sorgen, Menschen helfen und Liebe weitergeben.

Jesus hat die Erde inzwischen verlassen, aber seine Nachfolger tun jetzt das Gleiche, was er getan hat: Menschen zusammenbringen, sie von Schuld freisprechen, ihre Angst wegnehmen, ihnen Glauben bringen und Liebe an sie weitergeben. Gottes Geist hilft uns dabei. Er lässt Gottes Liebe durch uns zu anderen fließen.

Deine Reaktion

Danke, Vater, dass du mit deiner Liebe durch mich hindurchströmst und zu anderen Menschen fließt. Ich will gerne mehr von deiner Liebe bekommen.

DENK MAL NACH

Jesus fragt Petrus, ob er Agape-Liebe hat. Das ist der griechische Ausdruck für die göttliche Liebe. Petrus antwortet, dass er Phileo-Liebe hat. Das ist menschliche Liebe. Jesus sagt, dass Petrus mit dieser Liebe Menschen helfen darf. Jesus selbst wird den Menschen seine göttliche Liebe schenken.

Merk's dir

Ein neues Gebot gebe ich euch, dass ihr einander lieben sollt, damit, wie ich euch geliebt habe, auch ihr einander liebt. *Johannes 13,34*

TAG 84 Die Gemeinde ist der Körper von Jesus auf der Erde

Lies selbst

Epheser 1,15–22

Ich bin **WIE JESUS**

Paulus hat den Plan Gottes gesehen. Die Gemeinde ist wie der Körper von Jesus auf der Erde. Jesus selbst ist der Kopf im Himmel. So ist beides untrennbar miteinander verbunden. Und so fließt auch die Fülle von Jesus in die Gemeinde hinein.

Paulus reist durch Vorderasien und Europa, um Gottes Sichtweise weiterzugeben. Überall gründet er Gemeinden mit Menschen, die ganz von Jesus erfüllt sind. Jesus selbst hat den Auftrag dazu gegeben. Auch wir dürfen diesen Auftrag ausführen. Gemeinsam dürfen wir wie Jesus sein. Dadurch soll die Welt sehen, wer er ist. Wie gut er ist. Und wie liebevoll und stark.

 Teens-Bibel, Seite 548–549, 560–561

Deine Reaktion

Herr Jesus, was für ein guter Gedanke von dir, dass wir dein Körper auf der Erde sein dürfen. Ich fühle mich in meiner Gemeinde mit jedem verbunden, der von dir erfüllt ist.

SCHON GEWUSST?

Gott hatte volles Vertrauen, als Jesus seine Jünger in die Welt schickte. Sie sollten das Evangelium verkündigen und Gemeinden gründen. Sein Geist kommt in die Menschen und wohnt in ihnen, sodass seine Gemeinde mit Jesus und seiner Gnade erfüllt ist.

Merk's dir

So bildet ihr gemeinsam den Leib von Christus, und jeder Einzelne gehört als ein Teil dazu. *1. Korinther 12,27 NLB*

13. Ich bin … ewig

Diese Zuversicht ist wie ein starker
und vertrauenswürdiger Anker
für unsere Seele.

Hebräer 6,19a NLB

TAG
85 Jesu Liebe bleibt für immer bestehen

Lies selbst

1. Korinther 13

Stell dir mal vor, dass Jesus wiederkommt. Und stell dir mal vor, was er dann zu dir sagen würde. Das hilft dir dabei, zu verstehen, warum du lebst.

Jesus wird zum Schluss sagen: »Hast du geglaubt, dass ich dich geliebt habe? Und dass ich deshalb wollte, dass es dir gut geht?«
Wirst du dann sagen: »Ja, Herr, ich habe mein Leben so eingerichtet, dass ich deine Liebe voll und ganz genießen kann«?
Von Jesus geliebt zu sein. Dafür lebst du. Für die Liebe.
Dafür lebst du für immer und ewig.

FRAGE

Was meinst du, was würde Jesus genau jetzt zu dir sagen wollen? Und danach? Und in einem Jahr? Und in Ewigkeit?

Merk's dir

Glaube, Hoffnung und Liebe, diese drei bleiben. Aber am größten ist die Liebe.
1. Korinther 13,13

Deine Reaktion

Ja Herr, ich nehme mir die Zeit und werde still, um bei dir zu sein. Ich sage es immer wieder: »Jesus, du liebst mich.«

TAG
86 Gott ist für immer dein Vater – du bist für immer sein Kind

Lies selbst

Jesaja 9,1–6

Ich bin **EWIG**

Gott kam als Mensch auf die Erde, damit wir sehen, wer er ist. Wenn du Gott kennen willst, musst du dir Jesus anschauen. Jesus hat dafür gesorgt, dass wir Gott als unseren Vater kennenlernen dürfen. Jesus und der Vater sind so innig miteinander verbunden, dass der Prophet Jesaja ihn selbst als ewigen Vater sah. Jesaja sah ein Kind voraus, das für uns geboren werden sollte. Einen Sohn, der uns gegeben werden sollte. Dieses Kind, dieser Sohn, würde »Ewiger Vater« heißen.

Nur Gott allein kann der ewige Vater mit ewigen Kindern sein. Deshalb schenkt er dir auch das ewige Leben. Du darfst dich ständig auf ihn verlassen und seine Vaterliebe jederzeit genießen.

Merk's dir

Denn ein Kind ist uns geboren, ein Sohn ist uns gegeben; und die Herrschaft ruht auf seiner Schulter; und man nennt seinen Namen: Wunderbarer, Ratgeber, starker Gott, Ewig-Vater, Friedefürst. *Jesaja 9,5*

 Teens-Bibel, Seite 324–325, 482–483

DENK MAL NACH

Gott wird auch »Dreieinigkeit« genannt: Vater, Sohn und Heiliger Geist. Aber Gott ist auch »der Eine«. Was meinst du? Ist er eher nur einer oder eher drei?

Deine Reaktion

Lieber Vater, danke, dass du mich so liebst, dass du mich nie mehr verlieren willst. Ich will mich immer an dir freuen.

TAG
87

Ewiges Leben heißt: Gott und Jesus kennen

Lies selbst

Offenbarung 1,7–20

Ich bin **EWIG**

Gott hat dich schon immer gewollt. Noch vor Erschaffung der Welt sehnte er sich nach dir. Er will dich für immer bei sich haben. So ist Gott. Und so wird er das mit dir machen. Da darfst du dir ganz sicher sein, weil du mit Jesus verbunden bist. Diese Erkenntnis nennt man ewiges Leben.

Gott hat dich also schon immer geliebt. Daran wird sich auch nichts ändern. Selbst durch deinen körperlichen Tod nicht. Jesus hat den Tod nämlich besiegt. Er gibt dir die Sicherheit, dass du ein ewiges Leben hast. Es ist das Leben in der Liebe Gottes, das du schon jetzt lebst.

Merk's dir

Das ist aber das ewige Leben, dass sie dich, den allein wahren Gott, und den du gesandt hast, Jesus Christus, erkennen.
Johannes 17,3

Deine Reaktion

Danke, Vater, dass ich deine Liebe ewig genießen darf. Ich genieße sie schon jetzt.

SCHON GEWUSST?

Wir können uns ein Leben ohne Ende gar nicht vorstellen. Aber du kannst darüber nachdenken, wie geliebt du bist. Schau auf Jesus! Bedenke auch, dass er das Alpha und Omega ist, also der Anfang und das Ende.

TAG
88 Jesus wohnt mit seinem Geist immer in dir

Lies selbst

Johannes 14,15–26

Ich bin **EWIG**

Jesus ist als Mensch in den Himmel aufgefahren. Aber er hat uns nicht allein gelassen. Er hat uns seinen Geist gegeben, der auf uns ruht und in uns wohnt. So nahe konnte uns Jesus als Mensch nie sein.

Der Heilige Geist verschwindet nicht, wenn du versagst oder sündigst. Jesus sagt ja, dass sein Geist ewig bei dir sein wird. Er bleibt. Er wird dich zu Jesus hinführen und dir immer wieder sagen, dass deine Sünden vergeben sind. Du hast den Geist Gottes auch in dir. Er will dir zeigen, wie stark Jesus in dir sein will, damit du ihm immer ähnlicher wirst. Der Heilige Geist ist nicht traurig, wenn du mal einen Fehler machst. Traurig ist er, wenn du das nicht glaubst. Dann zeigt er dir aber wieder den Weg zu Jesus.

Deine Reaktion

Danke, Jesus, dass du immer in mir wohnst. Danke, dass ich alles, was du mir schenken willst, immer in mir habe. Danke für deinen Geist.

TIPP

Jesus blies seine Jünger an und meinte: »Ich gebe euch meinen Geist.« Stell dir mal vor, dass du den Heiligen Geist ein- und Jesus ausatmest. Beim Ausatmen kannst du leise »Jesus« sagen.

Merk's dir

Ihr aber erkennt ihn, denn er bleibt bei euch und wird in euch sein.

Johannes 14,17b

TAG
89 Gottes ewiger Plan mit Israel wird gelingen

Lies selbst

Epheser 2,11–17; Römer 11,25–32

Gott hat einen ewigen Plan mit dieser Welt. Er wird ihn vollständig ausführen. Gott hat auch einen Plan mit Israel. Auch den wird er zu Ende bringen. Der Plan, den Gott mit Israel hat, unterscheidet sich nicht von seinem Plan mit der übrigen Welt. Er hat Jesus gegeben, um alle Menschen zu retten. Momentan führt Gott seinen Plan mit allen Völkern aus. Auch seinen Plan mit Israel und den Juden wird er zu einem guten Ende bringen. Das garantiert Jesus.

Gott nimmt seine Gnade nie zurück. Auch nicht seine Gnade für das erste Volk, das er auserwählt hatte. Da Gott Israel und die Juden liebt, können auch wir sie lieben. Wenn du dir Israel anschaust, darfst du wissen, dass Gott alle seine Pläne ausführt.

Deine Reaktion

Vater, danke, dass du für die Juden derselbe Vater sein willst wie für mich. Ich bete, dass sie ihren ältesten Bruder, Jesus, kennenlernen. Und dass Friede für Jerusalem kommt.

Merk's dir

Denn Gott fordert weder seine Gaben zurück, noch widerruft er die Zusage, dass er jemanden auserwählt hat. *Römer 11,29 HFA*

SCHON GEWUSST?

Gott hat Jerusalem schon immer im Blick gehabt. Auch jetzt noch. Er verspricht ein neues Jerusalem. Ein Jerusalem, in dem er wohnen wird.

TAG
90 Die neue Erde

Lies selbst

Jesaja 11,1–10

Ich bin **EWIG**

Jesaja sieht einen Baumstumpf, aus dem ein neuer Zweig sprießt. Dieser Zweig ist Jesus. Er ist als Erster aus der alten Schöpfung in eine neue Schöpfung hinein auferstanden. Mit uns hat Gott dann weitergemacht. Er wird alles vollenden und die ganze Welt erneuern.

Jesaja sieht eine ganze Reihe von Tieren, die erst Feinde waren, sich aber jetzt gut verstehen. Wolf und Lamm, Leopard und Böcklein, Kalb und Löwe, Kuh und Bär, Löwe und Rind. Er sieht auch Menschen, die nichts Böses mehr tun. Sie kennen Gott!

Gott will, dass auch du von dieser Zukunft träumst. Von deiner Zukunft.

TIPP

Schalt mal alles aus. Denk an Jesus. Spaziere gemeinsam mit ihm durch deine Träume von einem neuen Himmel und einer neuen Erde. Er wird alles neu machen!

Merk's dir
Schwerter werden zu Pflugscharen und Speerspitzen zu Winzermessern umgeschmiedet werden. Keine Nation wird mehr gegen eine andere ziehen und sie werden nicht mehr lernen Krieg zu führen. *Jesaja 2,4b* NLB

Deine Reaktion

Herr, ich will gerne von deinen Plänen mit mir und der Welt träumen. Du füllst meine Träume mit Hoffnung und Lust auf die Zukunft. Ich darf ewig leben!

TAG
91 Das Lamm als ewiges Zeichen der Liebe

Lies selbst
Offenbarung 5

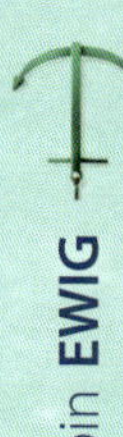

Als sich Johannes im Himmel umschauen darf, sieht er ein Lamm. Dieses Lamm steht da in der Mitte von Gottes Thron. Es hat einen Schnitt an seinem Hals, als wäre es geschlachtet worden. Es ist Jesus, wie er in Ewigkeit ist.

Gott hat Jesus zu einem ewigen Lamm gemacht. So sollen wir für immer wissen, dass er uns seinen Sohn geschenkt hat, um alles in Ordnung zu bringen. Jesus war der Sündenbock, damit wir wissen, dass Gott uns nie mehr die Schuld geben wird. Und damit wir uns dann auch nicht mehr gegenseitig oder selbst beschuldigen.

Schau dir Jesus als Lamm Gottes auf dem Thron an, dann weißt du, wie Gott regiert: mit Vergebung, Freispruch und Liebe.

Merk's dir
Dem, der auf dem Thron sitzt, und dem Lamm gebührt das Lob und die Ehre und der Ruhm und die Macht von Ewigkeit zu Ewigkeit! *Offenbarung 5,13b*

Deine Reaktion

Jesus, ich hab dich so lieb. Deshalb wünsche ich mir, dass du schnell wiederkommst. Bis dahin will ich dir danken und dich ehren. Danke, dass ich immer mit dir zusammen sein darf.

SCHON GEWUSST?

In der Bibel wird das Lamm, das Gott uns gegeben hat, angebetet. Das tun wir mit unseren Liedern auch. Wenn du Jesus als Lamm anbetest, dann denkst du an die ewigdauernde Liebe Gottes für dich.

Mein Gebet

Vater, ich glaube an deine Liebe.

Ich glaube, dass dein Sohn Jesus für mich gestorben ist.
Er nahm alle meine Sünden auf sich und ist daran gestorben.
Danke, dass du mich liebst.

Ich glaube auch, dass Jesus aus dem Tod auferstanden ist. Er hat mir sein Leben geschenkt, ohne dass ich etwas dafür tun musste.
Danke für deine Gnade zu mir.

Ich glaube, dass ich dein geliebtes Kind bin und deinen Geist in mir habe. Ich bin mit all deinen anderen kostbaren Kindern verbunden.
Danke, dass du mich führst und mich nie mehr verlässt.

Ich glaube, dass du mein Leben so segnen wirst, dass mir nichts fehlt. Du hilfst mir, dass ich andere froh machen kann.
Danke für das wunderbare Leben, das vor mir liegt.

Ich danke dir auch für Jesus. Wegen ihm weiß ich, wie sehr du mich liebst. Deshalb will ich immer auf Jesus achten.

Ich danke dir und bete dich an!

Notizen

Welches Wochenthema hat dich am meisten angesprochen?

Ich bin

Weil

Notizen

Welche Bibelstelle möchtest du dir gerne merken?

Schreibe sie auf:

Notizen

Hast du entdeckt, wie Gott über dich denkt?

Schreibe es auf oder zeichne es:

Die Teens-Bibel

Die *Teens-Bibel* ist ein starkes und dynamisches Buch. Willem de Vink hat 250 Geschichten aus der Bibel ausgesucht und spannend nacherzählt. Sie alle sind mit wunderbaren Illustrationen von Arjan Wilschut, Timo Visser und Willem de Vink versehen, sodass die *Teens-Bibel* auch optisch ein wahrer Hingucker ist.

Mit der *Teens-Bibel* lernst du, die Bibel besser zu verstehen.
Du bekommst einen klaren Überblick über den Inhalt des Alten und Neuen Testaments und erfährst mehr über deren Bedeutung. Du findest heraus, was Gott schon von Anfang an mit allen Menschen vorhatte und welche Rolle Jesus dabei spielt. Staunend wirst du entdecken: Gott liebt mich über alles und möchte mich großzügig beschenken – ohne dass ich etwas dafür tun muss! Darüber hinaus wirst du mit vielen Zusatzinformationen überrascht werden und in den Abbildungen eine Reihe von besonderen Symbolen entdecken. Die *Teens-Bibel* nimmt dich mit in das verborgene Geheimnis, um das sich alles dreht!

Willem de Vink
Teens-Bibel
Dem Geheimnis auf der Spur

591 Seiten, gebunden
ISBN 978-3-95933-033-6
www.gracetoday.de

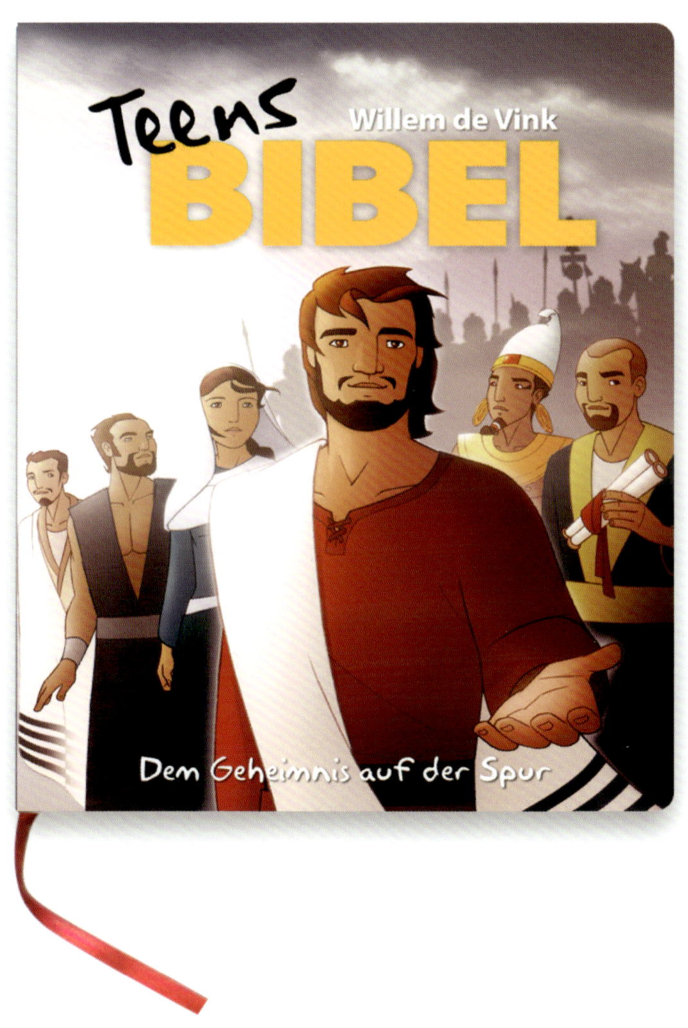
Teens
Willem de Vink
BIBEL
Dem Geheimnis auf der Spur